Thomas Schäfer
Astrologie und Traumdeutung

Thomas Schäfer

Astrologie und Traumdeutung

DIE INNERE WELT DES HOROSKOPS IN TRÄUMEN UND MÄRCHEN

Edition Astrodata

Originalausgabe

Lektorat: Stephan Huser

Herstellung: Armando Bertozzi, Edition Astrodata

Horoskope: Astrodata AG, CH-Zürich

Bilder: Edition Astrodata,
Lexikon der Symbole, Wörterbuch der Mythologie

Umschlagbild: Image Bank, CH-Zürich

Druck: Freiburger Graphische Betriebe, D-Freiburg i. Br.

ISBN 3-907029-42-9

HIERMIT MÖCHTE ICH ALLEN IM BUCH ERWÄHNTEN KLIENTEN DANKEN. OHNE IHRE FREUNDLICHE ERLAUBNIS ZUM ABDRUCK VON HOROSKOPEN, IMAGINATIONEN UND TRÄUMEN WÄRE DIESE ARBEIT NICHT MÖGLICH GEWORDEN.

Inhalt

Vorwort

Thema dieses Buches ist die Astrologie als Sprache des Unbewussten. Sowohl inhaltlich als auch vom Umfang her steht dabei die astrologische Traumdeutung *(KAPITEL III)* im Vordergrund. Im Gegensatz zu früheren Zeiten schenkt man heute der Verbindung von Traum und Horoskop kaum noch Beachtung. In der Antike jedoch waren viele Astrologen zugleich Traumdeuter; sogar vollständige Ereignishoroskope sah man damals im Traum voraus *(vgl. KAPITEL III: Einführung).*

Unsere Sichtweise der Beziehung zwischen Astrologie und Traumgeschehen wird im folgenden von der Tiefenpsychologie C. G. Jungs ausgehen. Urbilder (Archetypen), wie beispielsweise den «Schatten», werden wir sowohl mit dem Geburtshoroskop als auch mit dem Transitgeschehen verbinden. Dabei werden wir beispielsweise die erstaunliche Erfahrung machen, dass so mancher Transit *nur* in den Träumen, nicht jedoch im äusseren Leben nachgewiesen werden kann. Immer jedoch spiegeln Transite und Träume psychische Prozesse wider. Gerade die gleichzeitige Arbeit mit Horoskop und Traum kann viele bislang unbewusst gebliebene Probleme ans Tageslicht befördern. Wie die praktische Seite einer solchen Vorgehensweise aussieht, werden uns die Horoskope und Traumbeispiele von Arnold, Karin und Dagmar illustrieren *(KAPITEL III).*

Was die astrologischen Deutungsregeln für die Trauminterpretation anbelangt, geht die Einführung von *KAPITEL III* auf einige wichtige Punkte ein: die Rolle von Kurzzeit- und Langzeittransiten im Traumleben, die Beziehung zwischen der Art des

Aspektes und der Wahrscheinlichkeit seines Auftretens im Traum, die Rolle der Häuser im Transitgeschehen, die Orbisfrage und anderes.

Ähnliche Aufschlüsse wie die Träume können uns Phantasiereisen (Imaginationen) geben. An Hand von fünf kurzen Fallgeschichten wird gezeigt, wie sich diese «Wach-Träume» in der astrologischen Arbeit widerspiegeln. Der Leser wird in KAPITEL IV ebenfalls lernen, wie er bei bestimmten Problemen die Phantasiereise als Lebenshilfe benutzen kann.

Als allgemeine Einführung in die Beziehung zwischen Astrologie und Tiefenpsychologie dient KAPITEL I. Hier wird beispielsweise erklärt, was es mit den «Archetypen» (Urbilder: Animus, Anima, der Schatten, der alte Weise, das Selbst und andere) auf sich hat und wie man sie im Geburtshoroskop aufspüren kann. Dieser Abschnitt will auch einige allgemeine Informationen über Jungs Tiefenpsychologie geben.

KAPITEL II zeigt eine weitere Anwendungsmöglichkeit einer tiefenpsychologisch verstandenen Astrologie: die Märchendeutung. An Grimms «Der Eisenhans», einem Mars-Märchen, und «Die Blume des Glücks», einem Mond-Märchen, werden wir zeigen, dass die in einem Märchen vorkommenden Symbole auf astrologische Prinzipien bezogen werden können und dabei auch helfen, die Geschichte besser zu verstehen. Dieses kleine Kapitel erschien erstmals in der Zeitschrift *Astrologie Heute* (Nr. 33/1991 und Nr. 36/1992) als zwei Teile einer Serie über Märchen. Leser, die sich intensiver mit dem Thema Astrologie und Märchen beschäftigen wollen, verweise ich auf mein Buch *Es war einmal ein Stern – der Tierkreis im Märchen*.

Den Abschluss dieses Buches bildet eine Besprechung des Horoskops von C. G. Jung. Hier werden wir Zeuge, wie das Thema Tiefenpsychologie im Geburtshoroskop erscheint und zur Lebensaufgabe wird. Diese Kurzanalyse erschien erstmals in *Meridian* (Nr. 3/1992 und Nr. 4/1992).

Zum Schluss noch einige Hinweise zu den im Buch enthaltenen Daten: Alle Orts- und Namensangaben wurden abgeändert; die Geburtshoroskope und Transite werden – ausser beim Horoskop von C. G. Jung – ebenfalls aus Gründen der Anonymität ohne genaue Angaben veröffentlicht.

Heidelberg-Eppelheim, im November 1993

KAPITEL I

Urbilder in der Astrologie

I. EINFÜHRUNG

Tierkreiszeichen und Planeten sind in erster Linie keine Realitäten am Himmel, sondern Gegebenheiten in der menschlichen Psyche.[1] Als Beispiel für diese These möchte ich eine Klientin erwähnen, die isoliert ohne Vater aufwuchs. In ihrer Kindheit war sie der festen Überzeugung, ihr Vater sei die Sonne. Das astrologische Urbild des Vaters mit all seinen positiven und problematischen Seiten tragen wir menschheitsgeschichtlich bedingt in uns – ob wir uns dessen bewusst sind oder auch nicht. Auf den folgenden Seiten sollen nun noch weitere Archetypen mit Faktoren der Geburtsastrologie in Verbindung gebracht werden.

Für Leser, die bisher noch keinen näheren Kontakt zur Tiefenpsychologie C. G. Jungs gehabt haben, müssen wir noch ausführlicher auf den Begriff des Archetypus eingehen. Für Jung stellen die Archetypen «Dominanten des kollektiven Unbewussten» dar, die als Bilder in den verschiedensten Kulturen nachgewiesen werden können. Unter anderem begegnen wir ihnen in Riten, Mythen, Märchen, Sagen und Träumen. Die jeweiligen Bilder sind allerdings nicht mit dem Archetypus identisch, sondern dieser drückt sich durch sie *indirekt* aus. Der Archetypus ist also jenes, was hinter dem Symbol steht; sein letzter Bedeutungskern lässt sich zwar *um*schreiben, jedoch nicht exakt *be*schreiben. Nach Jung repräsentieren diese Urbilder instinktive Gegebenheiten der «primitiven» Psyche, in denen wir die Ursprünge des Bewusstseins erkennen können. Durch die Archetypen sind wir mit dem Beginn der Menschheitsgeschichte verbunden.

12

Zu den bekanntesten Archetypen zählen Animus (die männliche Seite der Frau), Anima (die weibliche Seite des Mannes), der Schatten (unsere negative Seite), der alte Weise bzw. die alte weise Frau und schliesslich das Selbst (die Ganzheit des Menschen). Diese Urbilder sind nicht etwa der Phantasie C. G. Jungs entsprungen; bezüglich der Anima beispielsweise finden wir im Volksmund den Ausspruch: «Jeder Mann trägt seine Eva in sich.» Auch die Alchemisten waren sich der Existenz von Animus und Anima bewusst. [2)]

Der Anschaulichkeit halber seien hier noch einige weitere, weniger bekannte Archetypen aufgezählt: Drachenkämpfe, Unterweltsreisen, Zerstückelung des Helden (beispielsweise Osiris), das Motiv der Zwillinge, Weltenbaum und Weltennabel, magische Kreise, Mandalas, jungfräuliche Geburt eines Heilands und andere. Diese Aufzählung liesse sich problemlos fortsetzen.

Wie erwähnt, existieren für die Archetypen keine kulturellen Schranken. Ein plastisches Beispiel soll das verdeutlichen. In der Figur des Eros verglichen die Griechen das Verlieben mit dem Getroffenwerden durch einen Pfeil. Bei den Buschmännern in der Kalahari sind ähnliche Vorstellungen verbreitet. Wenn sich ein Buschmann verliebt, schnitzt er sich zunächst einen Pfeil und einen entsprechenden Bogen. Beides ist handtellergross – genau

ALCHEMISTISCHER DRACHE *(1534)*

wie auf Abbildungen von Eros. Als nächstes sucht sich der verliebte Buschmann ein Versteck, von dem aus er seiner Angebeteten «auflauern» kann. Wenn sie an ihm vorbeigeht, schiesst er ihr einen kleinen Pfeil in die Pobacke. Die Frau hat nun zwei Möglichkeiten, zu reagieren: Sie kann den Pfeil aus dem Po herausziehen, ihn zerbrechen und auf die Erde werfen. Dies bedeutet, dass sie die Annäherung des Mannes ablehnt. Lässt sie allerdings den Pfeil stecken und geht ihren Weg weiter, als sei nichts geschehen, so ist dies für den Mann die Aufforderung, ihr zu einem Schäferstündchen zu folgen. Da niemand allen Ernstes behaupten kann, die Buschmänner wären Kenner der griechischen Mythologie, muss man zur Erklärung solcher Parallelen den Archetypenansatz heranziehen.

Historisch interessant ist jenes Erlebnis, das C. G. Jung erstmals auf die Archetypen aufmerksam machte. Am Anfang seiner ärztlichen Laufbahn begegnete Jung einem Patienten, der seit seiner Jugend an Schizophrenie litt. Weder Jung selber noch der Patient hatten Kenntnisse in Ethnologie, Mythologie oder Archäologie. Eines Tages nun traf Jung den Schizophrenen, als dieser auf merkwürdige Weise den Kopf hin- und herbewegte und in die Sonne blinzelte. Jung wurde von ihm aufgefordert, seinem Beispiel zu folgen. Als Jung fragte, wozu dies gut sein solle, antwortete der Patient: *Sie sehen doch den Sonnenpenis – wenn ich meinen Kopf hin- und herbewege, so bewegt er sich ebenfalls, und das ist der Ursprung des Windes.* [3]

Jung verstand natürlich nichts von dieser Idee, doch er machte sich eine Notiz über den Vorfall. Vier Jahre später entdeckte er ein gerade erschienenes Buch des Philologen Albrecht Dieterich. In dieser Arbeit wird ein griechischer Papyrus der Pariser Nationalbibliothek behandelt. In einem der Texte glaubte Dieterich eine Mithrasliturgie entdeckt zu haben, die aus der Mysterienschule von Alexandria stammte. Ziemlich verblüfft war Jung, als er in diesem Buch die Darstellung eines Sonnenpenis fand, der je nach der Richtung, in der er sich bewegte, die Winde erschafft.[4] Dieser religiöse Text beschreibt eine Initiation in die mystische Erfahrung der Gottheit. Sowohl auf dieser transzendenten Ebene als auch auf der Ebene des Schizophrenen tritt demnach *derselbe* Archetypus auf. Nicht zu Unrecht heisst es auch im Volksmund: «Genie und Wahnsinn liegen eng beieinander.» Nach Jungs Erfahrungen bedeutet ein gehäuftes Auftreten archetypischer Bilder, dass sich der Betreffende in einem psychischen Extremzustand befindet oder sich auf einen solchen zubewegt. Wie Jung in seinem eigenen Leben archetypische Erfahrungen machte, werden wir in *KAPITEL V* sehen.

In obigem Beispiel kommen sowohl der Schizophrene als auch der Mystiker in Kontakt mit jenem Sonnengott, der den zeugenden Geist (pneuma bzw. Wind) erschafft. Nur durch den unterschiedlichen Umgang mit dem Archetypus unterscheiden sich die beiden. Der eine wird der archetypischen Erfahrung ausgesetzt, weil durch die Krankheit die Ich-Integration ausser Kraft gesetzt wurde. *Auch* beim Mystiker hat eine Auflösung des Ichs stattgefunden! Hier jedoch vermittelt der Archetypus eine *bewusste* kosmische Erfahrung.

Aus astrologischer Perspektive kann man im Sonnenphallus eine Kombination der Prinzipien Mars (phallische Schöpferkraft) und Sonne (Logos bzw. im Radixhoroskop: Wesenskern) erkennen. In diesem Doppelsymbol erscheinen zwei Seiten der Libido: Trieb (Mars) und höchster Geist (Sonne). Ergänzend sollten wir hier erwähnen, dass Jungs Libidobegriff sich stark von der Freudschen Vorstellung unterscheidet. Nach Jung ist die Libido die *gesamte* psychische Stosskraft des Menschen – nicht ausschliesslich die sexuell bedingte. Der Archetypus des Sonnenphallus, die Verbindung von Mars und Sonne, lässt sich in leicht getarnter Form auch im Christentum nachweisen. Auf mittelalterlichen Gemälden wird die Verkündigung häufig mit einer röhrenartigen Vorrichtung dargestellt, die von Gottes Thron direkt zu Marias Leib

IXION *ans Rad gefesselt*

reicht. Die Taube, ein Symbol des zeugenden Geistes, lässt sich dann darin herab. Wie wir weiter unten noch sehen werden, wurden Gottesvorstellungen in zahlreichen Kulturen auf die Sonne projiziert. In der obigen Röhre können wir dagegen den befruchtenden Phallus wiedererkennen. Als herausragendes religiöses Symbol begegnet uns der Phallus in Indien (Lingam). Ein anderes Beispiel für Jungs erste Beobachtungen von Archetypen betrifft das aus der griechischen Mythologie bekannte Motiv des an ein Rad gefesselten Ixion. Auf einer Afrikareise begegnete Jung dieser Vorstellung in Träumen von Einheimischen. Hier von «Zufall» zu sprechen, wäre wohl arg vermessen. Kenntnisse in griechischer Mythologie lassen sich hier genausowenig unterstellen wie in dem schon erwähnten Beispiel des Amor-Archetypus. [5]

II. DER HOROSKOPKREIS ALS MANDALA

Ein Archetypus, mit dem der Astrologe tagtäglich zu tun hat, ist der Kreis (Horoskopkreis). Überall auf der Welt ist der Kreis ein Symbol für die Ganzheit. Eine weitere Kreisstruktur im Horoskop ist das graphische Zeichen für die Sonne. Auch bei dem griechischen Philosophen Plato stossen wir auf die Bedeutung des Kreises. – In seinem Werk *Timaios* wird die Seele als «das Runde» bezeichnet. Ferner finden wir diese Vorstellung bei den Alchemisten: für sie hatte die Welt und auch die einzelne Seele Kugelgestalt.

In diesem Zusammenhang erinnere ich mich an einen Bericht einer Seminarteilnehmerin: Sie kannte einen nordamerikanischen Indianer (Medizinmann), der beim Tod eines Menschen beobachten konnte, wie die Seele in Form einer Kugel aus dem Körper auszieht. Egal, ob wir diesem Bericht Glauben schenken oder nicht, so bestätigt er doch zumindest die Richtigkeit der archetypischen Vorstellung.

Im Kreis des Horoskopes erblickte Jung ein Mandala: *Das Horoskop selber ist ein Mandala (eine Uhr) mit dunklem Mittelpunkt, eine linksläufige circumambulatio* [Umkreisung] *mit Häusern und Planetenstufen.* [6] [Einfügung in eckiger Klammer vom Autor.] Im Horoskop als Ganzem können wir den Archetypus des Selbst erkennen. Ausführlich ist Jung in seinem Werk *Aion – Beiträge zur Symbolik des Selbst* auf die Astrologie eingegangen. In dieser Arbeit beschreibt er unter anderem archetypische Strukturen des Fische-Prinzips und geht auch auf die berühmte Jupiter/Saturn-Konjunktion (bzw. den «Wunderstern») in bezug auf das Geburtshoroskop Christi ein. Zum Horoskop-«Rad» im allgemeinen schreibt er:

Das Thema (eigentlich das Gesetzte oder Aufgestellte) ist in der Tat (…) ein Rad. Der wesentliche Sinn des Horoskopes besteht darin, dass es in Form der Planetenpositionen und deren Relationen (Aspekte) sowie der Verteilung der Zodia [Tierkreiszeichen] *auf die Kardinalpunkte in erster Linie ein Bild der psychischen und in zweiter Linie der physischen Konstitution entwirft. Das Horoskop stellt also vor allem ein System der ursprünglichen und grundle-*

DER HOROSKOPKREIS ALS MANDALA *(1515)*

18

genden Charakterbeschaffenheit dar und kann daher als Äquivalent der individuellen Psyche gelten. [7)] [Einfügung in eckiger Klammer vom Autor.]

III. DIE ASPEKTE ALS ARCHETYPEN

Bevor wir einige exemplarische Beispiele für den Zusammenhang von Zeichen und Planeten mit Archetypen aufzeigen, wollen wir zunächst den Blickwinkel auf die Aspekte lenken. Wie wir wissen, verkörpert die Zahl Eins den Archetypus der Einheit – biblisch gesprochen: «Am Anfang war Gott.» Von den Aspekten entspricht zweifelsohne die Konjunktion der Eins. Das Dualitätsprinzip hingegen begegnet uns in der Opposition. Das Gegensätzliche schliesst sich jedoch nicht aus. Wie wir an dem chinesischen Yin-Yang-Zeichen erkennen können, ist das eine im anderen – zumindest ansatzweise – mitenthalten. Für die Interpretation von Oppositionen sollten wir dies berücksichtigen. Die sich jeweils im Horoskop gegenüberliegenden Faktoren schliessen sich nicht so radikal aus, wie dies oft behauptet wird.

Wenn die Zahl Eins den Ur-Anfang bezeichnet, so ist doch die kulturelle Begegnung Mensch-Gott oft mit der Drei (Trinitätsidee) verbunden: Anu, Enlil, Ea (Babylon), Isis, Osiris, Horus (einer von mehreren ägyptischen Göttertriaden), Brahma, Shiva, Vishnu (Indien) und Gott Vater, Sohn und Heiliger Geist und andere. Der Astrologe wird mit der Drei im Trigon ($3 \times 120° = 360°$) konfrontiert. In fast allen Kulturen finden wir das gleichseitige Dreieck als ein wichtiges Symbol wieder. Der Künstler Matthias Greuter (1564–1638) hat sinnigerweise auf seiner Zeichnung «Gottvater, die Welt erbauend» *(siehe Abbildung auf der nächsten Seite)* den Schöpfer mit einem Grossen Trigon dargestellt. [8)] Auf Da Vincis «Abendmahl» bilden Jesus' Kopf und seine Arme ebenfalls ein gleichseitiges Dreieck. Das Schöpferische in der Dreizahl wird auch an der Triade Vater, Mutter, Kind deutlich.

19

GOTTVATER, DIE WELT ERBAUEND
(Matthias Greuter)

Auf die Drei und die Familientriade werden wir bei unserem Fallbeispiel «Arnold» in KAPITEL III noch näher eingehen.

Die Vierheit (Quaternität) ist eng mit dem Individuationsprozess verknüpft (siehe weiter unten). In der Astrologie ist uns die Vier als Quadrat bzw. als «durchlaufendes Quadrat» (4 x 90° = 360°) bekannt. Thomas Ring bezeichnete dieses durchlaufende Quadrat als «verspanntes Kreuz». Platos Werk *Timaios* geht mit folgender Frage auf die Vier ein: *Eins, zwei, drei – aber der Vierte … Wo bleibt er uns denn?* – Eine Parallele finden wir bei Goethe im *Faust* (Kabirenszene): *Drei haben wir mitgenommen, der Vierte wollte nicht kommen.*

Die Offenbarung der göttlichen Dreifaltigkeit ergibt in der Praxis nur dann einen Sinn, wenn sie sich auf ein Viertes bezieht, nämlich auf den («sündigen») Menschen. Bezogen auf die individuelle psychologische Entwicklung ist das Vierte beispielsweise das Verdrängte, das «Teuflische». C. G. Jung begegnete in Tausenden von Patiententräumen typischen Drei-plus-eins-Konstellationen: drei Frauen und ein Mann sitzen in einem Boot oder in einem Zug; im Dschungel befinden sich drei Wilderer und ein Löwe usw.

Gerade in schwierigen Lebenssituationen nehmen solche Drei-plus-eins-Konstellationen zu. Diese Strukturen sind auch in Mythen und Märchen verbreitet. So beginnt beispielsweise das von mir an anderer Stelle gedeutete bekannte Grimmsche Märchen «Die drei Federn» mit den Worten: *Es war einmal ein König, der hatte drei Söhne …*[9]

Das Problem der Vier können wir jetzt folgendermassen formulieren: Zu seiner Ganzwerdung ist der Mensch aufgerufen, ein Viertes zu integrieren, damit er der Drei (der göttlichen Trinität) gegenübertreten kann. Diese Aufgabe ist jedoch alles andere als leicht. Sie wurde bezeichnet als die «Quadratur des Kreises»!

Über das Phänomen der Vierheit und die Mandalasymbole Kreis und Quadrat hat Jung eine faszinierende Traumserie in seinem Buch *Psychologie und Alchemie* veröffentlicht. Jung zeigt hier auf eindrückliche Weise, wie unbewusste Prozesse mit dem Weg der Ganzwerdung zusammenhängen. Als ein beliebiges Bei-

QUADRATUR DES KREISES *(1625)*

spiel für einen solchen Mandalatraum sei auf die Schilderung einer Patientin von Jung zurückgegriffen:

Die Träumerin steigt auf einen Berg und betritt das Zentrum eines Quadrats. An allen vier Seiten entdeckt sie vier Götterstatuen, die kopfunter im Boden begraben werden. Sie selber steht in der Mitte. Plötzlich senken sich die Statuen gegeneinander und berühren sich mit den Köpfen. «Fallt auf mich, wenn ihr müsst, ich bin müde», spricht sie zu ihnen. Nachdem sie zu Boden fällt, sieht sie, wie sich aussen um die vier Götter ein Kreis von Flammen bildet. Nach einiger Zeit erhebt sie sich dann und wirft die Götterstatuen um. An der Stelle, wo sie hinfallen, wachsen sogleich vier Bäume. Da das Laub zu verbrennen droht, kommt ihr der Gedanke: «Das muss ein Ende nehmen, ich selber muss ins Feuer hineingehen.» Nachdem sie tatsächlich ins Feuer gegangen ist, verschwinden die Bäume; das Feuer verwandelt sich in eine einzige blaue Flamme, die die Träumerin mit sich emporhebt.

Jung kommentierte diesen Traum wie folgt (Auszug):

Immerhin kann der unvoreingenommene Leser die Idee des «Mittelpunktes» erkennen, der durch eine Art von Aufstieg (Bergsteigeranstrengung, Bemühung) erreicht wird. Er wird auch ohne Mühe das berühmte, mittelalterliche Problem der Quadratur des Zirkels, das mit in die alchemistische Sphäre gehört, wiedererkennen. Hier steht es an richtiger Stelle als Symbolausdruck der Individuation. Die Gesamtpersönlichkeit ist gekennzeichnet durch die vier Kardinalpunkte des Horizonts [vgl. AC, MC, DC und IC im Horoskop!], *die vier Götter, das heisst die vier Funktionen* [Jung meint hier die vier von ihm herausgearbeiteten Funktionen Denken, Fühlen, Empfindung und Intuition], *welche die Orientierung im psychischen Raum ergeben* [vgl. die vier Elemente der Tierkreiszeichen!], *und durch den Kreis, der das Ganze zusammenschliesst* [Geburtshoroskop!]. *Die Überwindung der vier Götter, wel-*

ter, welche das Individuum zu erdrücken drohen, bedeutet die Befreiung von der Identität mit den vier Funktionen, ein vierfaches «nirvana» (frei von Gegensätzen); dadurch entsteht eine Annäherung an den Kreis, an die ungeteilte Ganzheit.[10)] [Die Querverweise in eckigen Klammern stammen vom Autor.]

Traditionell wird bei der Deutung von Geburtshoroskopen eine Fülle von Quadraten als problematisch angesehen. Nach allem, was wir gehört haben, scheint es jedoch einleuchtend, dass die Vier bzw. das Quadrat sowohl «teuflisch» sein kann als auch eine Chance zur Selbstverwirklichung bietet. Das Horoskop von Albert Schweitzer mag hier als Musterbeispiel dafür gelten, wie man eine «Quadratur des Kreises» (durchlaufendes Quadrat) im Laufe des Lebens herstellen kann.[11)] Meiner Erfahrung nach sind Horoskope, in denen Sextile und Trigone überwiegen, der individuellen Entwicklung nicht unbedingt immer förderlich. In manchen Fällen können synthetische Aspekte zur Apathie führen.

IV. Urbild Sonne

Für den steinzeitlichen Menschen bedeutete die Sonne Licht und Leben, und damit musste sie göttlich sein. In vielen Kulturen wurde das höchste Prinzip mit der Sonne verbunden. Sonnengötter waren beispielsweise Horus, Re, Atum (alle Ägypten), Schamasch (Babylon), Mithras (Persien), Helios (Griechenland), Ekhi (Baskenland) und andere.

Im Mittelalter versuchte man gewisse Regeln einzuhalten, um sich die Sonne günstig zu stimmen. Viele Bräuche richteten sich nach dem Sonnenstand. Bei Hochzeiten ging man beispielsweise mit dem Lauf der Sonne um den Altar herum. Mancherorts stellte man die Betten so, dass der morgens Erwachende direkt in die Sonne blicken konnte. Für die Suche nach Schätzen und für magische Rituale wie beispielsweise Rutengänge war man auf den Stand der Sonne am Zenit gebunden. Falls man etwas gegen den Lauf der Sonne unternahm, so liess dies auf böse Absichten schliessen. Wenn man kein Unglück verursachen wollte, war es notwendig, bei Sonnenuntergang alle alltäglichen Arbeiten beendet zu haben; in vielen Gegenden durfte man deshalb nachts nicht arbeiten.

Viele Vorstellungen, die noch von heidnischen Sonnenkulten herrühren, verschmolzen mit christlichen Feiertagen. Bekannt sind beispielsweise die drei Sprünge, die die Sonne am Morgen des Ostersonntags macht; hier verbanden sich vorchristliche Fruchtbarkeitsvorstellungen mit dem Auferstehungsglauben der Kirche. C. G. Jung schrieb zum archetypischen Bezug der Sonne: *Der sichtbare Vater der Welt aber ist die Sonne, das himmlische Feuer; daher Vater, Gott, Sonne, Feuer mythologische Synonyme*

DIE LEBENSSPENDENDE SONNE *(ägypt. Relief)*

24

sind. [12] Der Mensch verehrte in der Sonne die Energie des Archetypus.

Für die Christen war Christus die Sonne, das Licht der Welt. Noch bis ins fünfte Jahrhundert beteten viele Christen die aufgehende Sonne an! In der christlichen Mystik schliesslich wird das innerlich Geschaute meist als Licht oder Sonne erfahren, und in Indien kultiviert man dasselbe Phänomen als «Lichtfunken-Meditation» (Joti-Meditation). [13] So verglich beispielsweise die heilige Hildegard von Bingen den Inhalt ihrer Visionen mit dem «Kreisrund der Sonne». [14] In der Astrologie verkörpert die Sonne den Wesenskern des Menschen. Wie wir aus der Praxis wissen, kann ein dominantes Sonne/Löwe-Prinzip jedoch auch Selbstherrlichkeit, Egozentrik und Übermut bedeuten. Eine Analogie dazu können wir in der Natur beobachten: Wenn im Monat August die Sonne in dem von ihr regierten Tierkreiszeichen steht, kann die geballte Sonnenenergie dieser Jahreszeit auch lebenszerstörerisch sein.

Als der alttestamentliche Held Simson den Löwen tötete, vernichtete er damit symbolisch den übersteigerten Ich-Anspruch des Menschen. Trotz dieser «Schattenseiten» der Sonne besteht deren Gleichsetzung im Horoskop mit dem Wesenskern zu Recht. C. G. Jung erwähnte für die Sonne deren Identität mit dem «Lebenswillen»: *Wenn sie* [die Mystiker] *durch Verinnerlichung in die Tiefen ihres eigenen Wesens hinabsteigen, so finden sie «in ihrem Herzen» das Bild der Sonne, sie finden ihren eigenen «Lebenswillen», der mit Recht, ich darf wohl sagen mit physikalischem Recht, Sonne genannt wird, denn unsere Energie- und Lebensquelle ist die Sonne.* [15]

In dem Buch *Symbole der Wandlung* weist Jung immer wieder darauf hin, dass der Sonnengott aller Religionen immer identisch ist mit dem inneren Gott. Von dem indischen Sonnengott Rudra heisst es beispielsweise in den *Upanishaden: ... er wohnt in der Herzensgrube aller Menschen, er durchdringt alles, darum ist*

25

er identisch mit dem ewigen Shiva. [16)] Auch in der Bibel lesen wir, dass das «Himmelreich» in uns liegt und nicht in der äusseren Welt.

Für den sich spirituell entwickelnden Menschen ist es allerdings nicht ungefährlich, den inneren «Sonnengott» zur Unzeit zu wecken. Anschauliche Kunde hiervon gibt uns der Mythos von Phaeton. Jener Sohn des Sonnengottes Helios wurde in Äthiopien von einer Jungfrau geboren; durch die Neckereien seiner Gespielinnen wurde er auf die Suche nach seinem Vater getrieben. Er durchquerte Persien und Indien, um den Palast der Sonne zu finden. Sobald er ihn erblickte, trat er unter das Dach und sah seinen Vater auf einem smaragdenen Thron sitzen. An der Schwelle musste der Jüngling einhalten, weil er die Kraft des Lichtes nicht zu ertragen vermochte. Nachdem sich Vater und Sohn freudig begrüsst hatten, wurde Phaeton ein Wunsch gewährt: Ohne viel zu überlegen, verlangte er den Sonnenwagen seines Vaters. Helios bereute nun sogleich seine Grosszügigkeit und versuchte, dem Sohn diesen Wunsch auszureden, doch erfolglos. Das Ende der Geschichte ist bekannt: Phaeton war zu schwach und verlor die Kontrolle über die Rosse des Sonnenwagens. Nachdem dadurch auf der Erde ein Brand verursacht wurde, wusste sich Zeus als Göttervater nur noch dadurch zu helfen, dass er mit einem Blitz Wagen und Lenker vernichtete. [17)]

Angekündigt hatte sich das Drama schon zu jenem Zeitpunkt, als Phaeton vom Licht des väterlichen Palastes geblendet wurde. Wenn in Mythen oder Märchen der Held oder die Heldin von der Sonne geblendet ist oder andere Probleme mit dem «Sehen» hat, so ist er oder sie noch unreif, um sich auf die Suche nach dem Selbst zu begeben. Wer es dennoch versucht, wird von den «Göttern» vernichtet. Sonne/Löwe-Mythen gäbe es an dieser Stelle noch viele zu nennen. Die astrologischen und spirituellen Zusammenhänge von Herakles' Kampf gegen den nemeischen Löwen habe ich in *Bildersprache Astrologie* aufgezeigt.

Auch im Märchen können wir dem Sonne/Löwe-Archetypus begegnen. In «Der Königssohn, der sich vor nichts fürchtete» treffen wir beispielsweise auf folgende Analogien: Augenlicht, Sonne, Löwe und Ring. Der Ring besteht im Märchen fast immer aus dem Metall der Sonne (Gold). Darüberhinaus ist es natürlich seine «sonnenhafte Form» (Kreis), die ihn zu einem Symbol der Ganzheit macht. Die Augen als «Spiegel der Seele»[18] entsprechen ebenfalls dem Sonnenprinzip. Als ein weiteres Beispiel sei hier «Das goldene Königreich» erwähnt. In diesem Märchen sucht der Held mit Hilfe eines Löwen ein sagenhaftes Königreich.[19]

V. URBILD MOND

Das lunare Prinzip entspricht dem Archetypus der Mutter. Aus astrologischer Sicht dürfen wir ihm das Mond/Krebs-Prinzip zuordnen. In Mythen und Märchen treffen wir die Urmutter vorzugsweise in Felsen, Höhlen, Brunnenschächten, Quellen, Taufbecken, Backöfen und Kochkesseln und ähnlichem an. Als Tier begegnet sie uns beispielsweise in Form der Kröte oder der Kuh. Dass der Mond das Gestirn des Gebärens ist, kommt schon in seinem monatlichen Rhythmus zum Ausdruck. – Sprachgeschichtlich belegt ist in diesem Zusammenhang der enge Bezug der Wörter «Monat», «Mond» und «Menstruation».

Der hier beschriebene Archetypus kann aber mitunter auch lebensfeindliche Aspekte aufweisen. Ein bekanntes Bei-

DER MOND ALS URSPRUNG DES LEBENS
(Haida-Indianer)

KALI *(indische Volkskunst)*

spiel ist die indische Göttin Kali. [20] – Entwicklungsfeindlich verhält sich auch Hera im Herakles-Mythos: Als Herakles einmal ein schlangenähnliches Untier in einem Sumpfgebiet erlegen wollte, schickte seine Stiefmutter einen Krebs auf die Erde, der Herakles von hinten in die Ferse biss. «Stiefmütter» dürfen in Mythen und Märchen als ein Synonym für eine schlechte Mutter gesehen werden. Der selbe Archetypus begegnet uns in einem Traum einer Patientin von C. G. Jung, die infolge einer Mutterübertragung auf eine ältere Freundin sich von dieser nicht lösen konnte:

Sie [die Patientin] ist im Begriff, einen breiten Bach zu überschreiten. Es ist keine Brücke da. Sie findet aber eine Stelle, wo sie ihn überschreiten kann. Wie sie eben im Begriffe ist, es zu tun, fasst sie ein grosser Krebs, der im Wasser verborgen lag, am Fuss und lässt sie nicht mehr los. [21] [Die Ergänzung in eckiger Klammer stammt vom Autor.]

Was im Herakles-Mythos der Sumpf ist, begegnet uns in obigem Traum als Bach. Wasser steht für das Unbewusste und den Gefühlsbereich. Es ist nun faszinierend, dass uns der Krebs im Mythos, im Traum und auch in der Astrologie (als gleichnamiges Tierkreiszeichen) als Sinnbild für eine vereinnahmende Mutter erscheint. Demnach muss es sich um einen Archetypus handeln.

Ganz andere Bedeutungen des Mond/Krebs-Prinzips kommen im Selene-Mythos zum Ausdruck. Wie die ägyptische Isis war auch diese griechische Göttin eine Patronin der Frauen. Sie half bei den Geburten und förderte das Wachstum von Pflanze, Tier und Mensch. Selene war auch extrem fruchtbar: 50 Kindern schenkte sie das Leben! Fruchtbarkeit ist in der Astrologie eines der hervorstechenden Merkmale des Mond/Krebs-Prinzips.

Im Mittelalter war man vielerorts ängstlich darauf bedacht, Hochzeiten nur bei zunehmendem Mond (Wachstumsphase des Mondes!) vorzunehmen. Nur auf diese Weise, so glaubte man, könne man den zukünftigen Wohlstand der Familie gewährleisten. Kinder, die bei abnehmendem Mond auf die Welt kamen, sah man als «Spätentwickler» an. Ferner wurde darauf geachtet, das Haus möglichst bei Vollmond zu putzen, da dies eine Garantie für Ungezieferfreiheit darstellte. Früchte und Pflanzen, die über der Erde wuchsen, pflanzte man bei zunehmendem Mond an, während man dagegen Kartoffeln und Rüben in der Phase des abnehmenden Mondes in die Erde setzte. Auch in der Volksmedizin spielte der Mond eine grosse Rolle. So war es beispielsweise wichtig, Warzen nur bei Vollmond zu «besprechen». Vermeiden sollte man es dagegen, im Mondschein zu tanzen, da man auf diese Weise die Geister herbeirief. In finanzieller Hinsicht allerdings konnte einem das Mondlicht helfen: Wer knapp bei Kasse war, der hielt einfach seine Geldbörse in den Schein des Mondes.

Auf einer höheren Ebene erkennen wir das lunare Prinzip auf mittelalterlichen Bildern in der Gestalt der Jungfrau Maria, die auf einer Mondsichel sitzt. Auch Albrecht Dürer zeigte Maria als pausbäckige Mutter («Mondgesicht»!), die auf weichen Kissen das Jesuskind stillt.

Der spiritualisierten Form des Lunaren entspricht ebenfalls die Geburt eines Erlösers durch eine Jungfrau. Die Geburt unseres Gottfunkens kann eben nur auf «jungfräuliche Weise», das heisst in geistiger Reinheit geschehen. Jungfräuliche Schwangerschaft finden wir jedoch nicht nur im Christentum, sondern wir können sie auch bei Heilsbringern nordamerikanischer Indianer antreffen. Auch Ledas Befruchtung durch Zeus wird durch einen Schwan dargestellt, um dadurch die geistige Komponente anzudeuten. Im Buddhismus ist es ein Stern, durch den Buddhas Mutter schwanger wird. Einer anderen Version nach ist es ein Elefant, der sie in der Seite befruchtet. Wenn die Figur des Erlösers in diesen Mythen den Sonnenaspekt darstellt, so entspricht dabei die jungfräuliche Geburt durch eine sich aufopfernde Mutter dem Lunaren.

Dem Mond/Krebs-Archetypus können wir natürlich auch in der Märchenwelt begegnen. Typische Beispiele sind die Grimmschen Märchen «Frau Holle», «Die Gänsemagd» und «Die Gänsehirtin am Brunnen».[22]

VI. ANIMUS, ANIMA UND DER SCHATTEN

Die dem Laien vermutlich geläufigsten Jungschen Begriffe sind vermutlich, neben «Introversion» und «Extraversion», «Animus» und «Anima». Der Animus der Frau und die Anima des Mannes stellen jeweils das gegengeschlechtliche Seelenbild dar. Wenn etwa eine Frau ihren männlichen Seelenanteil verdrängt, projiziert sie ihn sehr schnell auf Männer. Sie kann dann beispielsweise auf einen unsensiblen, «machohaften» Mann treffen. Das Projizierte erlebt man somit vor allem am anderen. Im Fallbeispiel Karin (KAPITEL III) werden wir erleben, welche Rolle das gegengeschlechtliche Seelenbild in Träumen spielt und wie es mit den astrologischen Faktoren verwoben ist.

Bei extrem maskulin auftretenden Frauen spricht man von «Animusbesessenheit». Im Bewusstsein dominiert eine männliche Einstellung und Verhaltensweise. In den Geburtshoroskopen erkennen wir häufig eine Dominanz des Mars/Widder-Prinzips und des Merkur/Zwillinge-Prinzips. Auch Betonungen bzw. Do-

minanzen des Elements Feuer, der Sonne und des Saturn/Stein-
bock-Prinzips kann man hier antreffen. Brigitte, eine sehr masku-
line Frau, deren wichtigste Horoskopmerkmale hier erwähnt seie-
n, entwickelte sich zur Lesbe: Uranus Konjunktion AC (Uranus
als «Anderssein»), ein Widder-Mars in genauer Konjunktion mit
dem MC und in Quadrat zur Sonne, drei persönliche Planeten im
Steinbock (Sonne, Merkur und Venus), Saturn im fünften Haus,
aspektloser Mond in Zwillinge (bis auf ein schwaches Sextil) und
schliesslich das völlige Fehlen des Elements Wasser.

Der Animus wird naturgemäss besonders stark vom Erleben
des Vaters geprägt. Umgekehrt erlebt der Mann seine Anima
zunächst in Gestalt seiner Mutter. Mangelnde Entschlusskraft, irrationale Ängste, Impotenz und ähnliches sind Merkmale einer
problematischen Anima. Wie es einem animabesessenen Mann
ergehen kann, war Thema des berühmten Marlene-Dietrich-
Spielfilms «Der blaue Engel»: Ein vertrottelter Professor wird
von einer zwielichtigen Bardame lächerlich gemacht. Vom Horoskop her betrachtet, zeigt sich mangelnde Willenskraft und psychische Anfälligkeit in der Betonung von Neptun/Fische, Venus/
Waage und vor allem Mond/Krebs. Ferner wird der Mars oft eine
schwache Position einnehmen. An erster Stelle jedoch wird die
Anima durch den Mond und die Venus repräsentiert, während
der Animus sich in der Sonnen- und Marsposition spiegelt.

Animus- und Animafiguren auf einer höheren Ebene sind
unter anderem die Herzensdame der mittelalterlichen höfischen
Liebe (Minne), die Jungfrau Maria, Mutter Theresa, Mahatma
Gandhi, Martin Luther King. Diese Reihe liesse sich natürlich
problemlos ergänzen. Solche Berühmtheiten werden vom Unbewussten oft als Orientierungsstützen in Träumen benutzt. Negative Animus- und Animafiguren sind dagegen verschlingende Sirenen und Meerjungfrauen, Hexen, Prostituierte, Einbrecher, Pira-
ten und beispielsweise der «Blaubart» als Frauenschänder im
gleichnamigen Märchen.

Bei diesen negativen Animus- und Animafiguren ist es zum Verschmelzen des gegengeschlechtlichen Seelenbildes mit dem Schatten gekommen. Jung spricht in diesem Zusammenhang von «Kontamination». Astrologisch gesehen, erwarten wir in solchen Fällen Aspekte von Pluto zu Sonne oder Mars bzw. zu Mond und/oder Venus. Auch das Skorpion-Prinzip und das achte Haus müssen berücksichtigt werden. Wie wir unter bestimmten Transiten «Schattenerfahrungen» machen, werden wir an den Fallbeispielen zeigen. Jung bezeichnete den Schatten als «dunklen Bruder» in uns. Er verkörpert die zerstörerische Seite unserer Psyche, die wir jedoch nicht wahrhaben wollen. Für den «Primitiven» wird der Schatten oft buchstäblich zum Schatten. Tritt man in den vom Körper auf die Erde geworfenen Schatten, so glaubt der Betreffende, dass ihm auf magische Weise Lebenskraft entzogen wird.

Ohne die Integration des Schattens können die höheren Stufen des Individuationsprozesses nicht erlebt werden. Wie wir oben im Zusammenhang mit Animus und Anima gesehen haben,

SIRENEN VERFÜHREN ODYSSEUS

müssen wir zur Ermittlung der Schattenanteile im Horoskop das Pluto/Skorpion/achtes-Haus-Prinzip analysieren. Auch ein Blick auf das Steinbock/Saturn-Prinzip im Radixhoroskop wird oft aufschlussreich sein – insbesondere dann, wenn es mit Pluto oder Skorpion direkt verbunden ist.

Letzteres war beispielsweise bei Franz Kafka der Fall, der sich in seinem Leben mit einer Pluto/Saturn-Konjunktion im zehnten Haus auseinanderzusetzen hatte. Er war bis in den Traum und in seine schriftstellerische Tätigkeit hinein von dem Zwang (Pluto) besessen, sich mit Normen und Bürokratien (Saturn im zehnten Haus) befassen zu müssen, so etwa in dem Roman *Das Schloss*. In seinen Tagebüchern finden wir Sätze wie die folgenden:

Die Uhren [Saturn] *stimmen nicht überein, die innere jagt in einer teuflischen oder dämonischen* [Pluto] *oder jedenfalls unmenschlichen Art, die äussere geht stockend* [Saturn] *ihren gewöhnlichen Gang. (…) Die Einsamkeit* [Saturn], *die mir zum grössten Teil seit jeher aufgezwungen war, zum Teil von mir gesucht wurde – doch was war auch dies anderes als Zwang* [Pluto] *–, wird jetzt ganz unzweideutig und geht auf das Äusserste.* [23] [Die Zusätze in eckigen Klammern stammen vom Autor.]

Ein anderes Beispiel für ein Schattenproblem betraf eine meiner Klientinnen. Sie träumte immer wieder, dass ein Mann mit einem schwarzen Umhang («Batman») vom Himmel auf sie zuflog. Sogleich vergewaltigte er sie. Die Vergewaltigung wurde *gleichzeitig* als abstossend wie auch als sehr angenehm empfunden. Ihr realer Partner entsprach dieser Batman-Figur in keiner Weise: Er war das, was man umgangssprachlich einen «Softie» nennt. Inneres und äusseres Partnerbild stimmten nicht miteinander überein, was naturgemäss zu Problemen führte. Nach zirka drei Jahren trennte sich die Klientin von dem Partner und verliebte sich leidenschaftlich in einen Motorradfahrer, der immer in schwarzer

HEXEN

Lederkluft daherkam. Mit ihm brannte sie von einem Tag auf den andern nach Portugal durch und liess ihr ganzes berufliches und privates Leben hinter sich. Gehört hat niemand mehr etwas von ihr. – In ihrem Horoskop fiel eine genaue Venus/Pluto-Konjunktion auf.

Dieses Beispiel zeigt sehr deutlich, dass astrologische Konstellationen manchmal jahrelang nur auf einer inneren Ebene zu identifizieren sind, beispielsweise in Träumen, bis sie sich auch auf der äusseren Ebene «materialisieren». Manches kann auch so stark verdrängt werden, dass es sich nur in psychosomatischer Weise zeigt. Astrologische Deutung, die diese innere Realität nicht berücksichtigt, muss zwangsläufig in die Leere gehen.

Mancher Leser mag sich fragen, ob es für die oben erwähnte Klientin eine Lösung war, den «Softie» mit einem «Batman» zu vertauschen. Natürlich geht es darum, dass sie «Batman» als ein Teil von sich erkennt. Wenn der Schatten integriert wird, erhält man dadurch eine grössere Handlungsfreiheit. Auf alle Fälle bietet die neue Partnerschaft dieser Frau die Chance, ihrem Problem näher als bisher zu kommen, wenn auch vielleicht auf sehr schmerzhafte Weise. Es ist nicht ausgeschlossen, dass das Thema sexueller Missbrauch in der Kindheit hier eine Rolle spielt.

VII. DER ALTE WEISE

Je deutlicher uns ein Archetypus im Traum erscheint, desto stärker ist die Faszination, die er in unserer Psyche hinterlässt. In bezug auf diese «magische Kraft», die so charakteristisch für die

Konfrontation mit den Archetypen ist, benutzte Jung den Ausdruck «Numinosität». Nach dem Erwachen nimmt der Träumer sehr genau wahr, dass er keinen gewöhnlichen, sondern einen «grossen Traum» gehabt hat. Dies gilt speziell für die Begegnung mit dem alten Weisen bzw. der alten weisen Frau. Im Vergleich mit dem Erscheinen von Animus, Anima und dem Schatten erleben wir den alten Weisen nur sehr selten. Nach Jungs Überzeugung wird dieser Archetypus immer dann aktiviert, wenn er vom Bewusstsein nötig gebraucht wird, beispielsweise wenn man auf seinem Lebensweg in eine Sackgasse geraten ist oder wenn man sich um eine transzendente Erfahrung bemüht.

In Träumen, Visionen und Meditationen kann uns dieses Urbild als gütiger Grossvater, Priester, (weisser) Magier, heilkundi-

DIE ALTE WEISE *(Die Alchemistin Maria, 1617)*

ge Kräuterfrau oder weise Zauberin erscheinen. Dieser Archetypus hat eine Nähe zum Spirituellen. Die jeweilige Figur erfahren wir deshalb als weise, was sich äusserlich meist in ihrem hohen Alter niederschlägt.

Astrologisch gesehen, dürfen wir dieses Urbild mit Sonne und Mond, vor allem jedoch mit den positiven Seiten des Saturn/ Steinbock-Prinzips in Verbindung bringen. Auch das Jupiter/ Schütze-Prinzip kann hier in Erscheinung treten. Wie Jung gezeigt hat, kann sich der hier dargestellte Archetypus ebenso – wenn auch seltener – in einem helfenden, weisen Tier, einem allwissenden Zwerg oder Bleimännchen und Erzmännchen aus Bergwerken widerspiegeln.[24)] Bergwerke und das Metall Blei unterstehen in der Astrologie traditionell dem Saturn und dem Zeichen Steinbock. Als anschauliches Beispiel sei hier kurz auf das Märchen «Die drei Königssöhne» eingegangen:

Drei Söhne eines Königs gehen nacheinander in die weite Welt; sie treffen sich schliesslich und gelangen bald an ein Schloss: Und drinnen am Tisch sass ein alt eisgrau Männlein, dem der Bart ging bis auf die Füsse. Diesem riefen sie zu, aber es hörte nicht. Sie riefen ihm zum zweitenmal, aber es hörte nicht; und sie riefen ihn zum drittenmal, da stand es auf und kam heraus und empfing sie freundlich und bewirtete sie den Abend aufs allerbeste und wies ihnen weiche Betten mit seidenen Vorhängen zu Schlafstätten an. Aber es sprach kein Wort und antwortete auf keine ihrer Fragen. Doch die drei Königssöhne hatten sich's wohl behagen lassen, dass sie in eine so gute Herberge gekommen waren.[25)]

In diesem Märchen residiert der alte Weise in einem Symbol des Selbst, einem Schloss. Die drei Königssöhne haben allem Anschein nach in der Vergangenheit keinerlei Kontakt zu ihrer inneren Weisheit gehabt: Das alte Männlein ist *taub* und *stumm*. Die «Kommunikationskanäle» waren und sind bis zu diesem Zeitpunkt der Geschichte immer noch verstopft. Ferner heisst es im

Märchen, dass alles wie «leblos» gewirkt habe und «schon lange kein Besuch mehr im Schloss» gewesen sei.

In unserem Märchen hat der alte Weise einige geistige Prüfungen vorbereitet, die zum einen auf die Nächstenliebe und zum anderen auf die Erlösung seiner drei Töchter bezogen sind. Nächstenliebe kann hier als Voraussetzung für die Befreiung der Anima angesehen werden. Im Märchen besteht nur der jüngste Bruder die Prüfungen; die anderen beiden werden versteinert, weil sie versagen (bis sie dann schliesslich doch noch erlöst werden.) Wie man sieht, kann uns der alte Weise bzw. die alte weise Frau helfen, in engeren Kontakt mit unserer gegengeschlechtlichen Seite zu kommen.

Aus der astrologischen Praxis wissen wir, dass Saturn nicht nur für den Genuss der Weisheit steht, sondern vor allem auch für den zeitraubenden, steilen und schmerzhaften Weg dorthin. In dem Märchen «Die geheime Kirche» werden wir mit einer Fülle von Saturn-Analogien konfrontiert: Probleme mit dem Knie, mangelnde seelische Flexibilität, Einsamkeit, Depression und schliesslich «Verkrüppelung». Lustiger dagegen geht es in Grimms «Meister Pfriem» zu. Die problematischen Seiten Saturns werden hier als Karikatur vorgeführt. Sowohl die erwähnten physiognomischen Details an den Augen, der Nase und den Haaren als auch die psychologischen Entsprechungen können aus der astrologischen Erfahrung bestätigt werden: oberlehrerhaft, geizig, pessimistisch, asketisch, engstirnig usw.[26)]

In der bisher noch nicht erwähnten esoterischen Sichtweise Saturns, wird dieser als «Hüter der Schwelle» bezeichnet. Die transzendente Seite in uns ist normalerweise «streng bewacht». Der Zugang zu diesem Bereich wird nur dann erlaubt, wenn die Zeit dafür reif ist. Von daher darf es uns nicht wundern, wenn uns der Archetypus des alten Weisen manchmal auch streng und grimmig entgegentreten kann. Astrologisch ist diese Seite Saturns nur zu gut bekannt.

Auch in der äusseren Welt können wir den saturnischen Schwellenhütern begegnen – wie innen so aussen! Die berühmtesten Fratzen ziehenden Wächterfiguren befinden sich an den Mauern von Notre-Dame in Paris, doch auch an indischen Tempeln treffen wir auf sie. Wer das äussere Mandala in Form einer Kirche oder eines Tempels betritt, sollte sich *zuvor* der Warnung dieser Wächter gestellt haben: Ohne uns zuvor innerlich gereinigt zu haben, werden wir keinerlei Wandlungserlebnisse haben. Diese schmerzhafte Erfahrung musste schon Phaeton in dem erwähnten Sonnen-Mythos machen. Auf den Punkt gebracht hat der Mythenforscher Joseph Campbell die Funktion der Wächter: Diese Figuren *sind Schwellenwächter, die alle abweisen sollen, die für die Stille drinnen nicht taugen.* [27] Die Fratzen dieser Figuren können demnach nicht «hässlich» genug sein ...

Zum Abschluss möchte ich ein persönliches Erlebnis mit dem Archetypus des alten Weisen anführen. Als ich mich einmal in einer kritischen Situation für oder gegen eine bestimmte Weichenstellung in meinem Leben entscheiden musste und dabei ziemlich orientierungslos war, hatte ich folgenden Traum, den ich hier leicht gekürzt vorstelle:

Ein uralter Mann kommt auf mich zu. Er hat lange, weisse Haare, einen Bart und seine Augen blicken unendlich gütig. Schliesslich legt er die Hand auf meine Schultern. Innerlich nehme ich mir nun fest vor, den Alten nicht nach meinem Problem zu fragen (das mit meinem Entscheidungsproblem im realen Leben identisch ist!). Ich denke mir, dass der Weise solche Dinge von selber sehen müsste. Plötzlich spüre ich deutlich, wie der Alte meine Gedanken liest. Er weiss alles! Lächelnd beginnt er nun zu sprechen und erklärt mir genau, welche Handlungsweise für mich die beste ist ...

Dieser Traum schien mir eine «realere» Wirklichkeit gehabt zu haben als die Existenz im Wachbewusstsein. Noch Tage später spürte ich den Traum in mir wirken. Auch heute noch, nach vielen

len Jahren, steht mir dieser Traum so plastisch vor meinen Augen, als hätte ich ihn in der letzten Nacht erlebt. Die Botschaft des alten Weisen habe ich beherzigt und es bislang nicht bereut. Aus astrologischer Sicht ist erwähnenswert, dass ich in der betreffenden Nacht den Transit Saturn (laufend) Sextil Sonne hatte. Ferner befand sich der transitierende Merkur im Trigon zu meinem Radix-Saturn, und im Ereignishoroskop des Traums befand sich Merkur exakt am Aszendenten: Meine Frage bezog sich auf den schriftstellerischen Aspekt meiner Arbeit.

Meiner Erfahrung nach können auch Träume, die ganz offensichtlich Material aus früheren Inkarnationen verarbeiten, den von Jung zitierten «numinosen Aspekt» (Faszination) aufweisen. Jung hat jedoch in seinen Werken die Idee der Reinkarnation ausgeklammert. In seinen letzten Lebensjahren allerdings äusserte er sich zu diesem Thema erstaunlich aufgeschlossen:

Vor kurzem habe ich bei mir selber eine Reihe von Träumen beobachtet, welche nach allem Dafürhalten den Reinkarnationsvorgang bei einer mir bekannten verstorbenen Persönlichkeit beschreiben. Gewisse Aspekte liessen sich sogar mit einer nicht ganz abzuweisenden Wahrscheinlichkeit bis in die empirische Wirklichkeit verfolgen. [28]

Dieser kurze Rundgang durch die Welt der Archetypen ermutigt den Leser hoffentlich, die Konstellationen seines Geburtshoroskops mit den in Träumen und Phantasien erscheinenden Archetypen zu verbinden. Welchen praktischen Nutzen die Verknüpfung von Astrologie und Archetypen hat, werden wir detaillierter an den nachfolgenden Traumbeispielen *(vgl. KAPITEL III)* erfahren.

KAPITEL II

Astrologische Märchendeutung

I. EINFÜHRUNG

Die geheimnisvolle Märchenwelt ist für viele Menschen wieder interessant geworden. Ein Blick in gängige Verlagsprospekte bestätigt nicht nur eine zunehmende Zahl von Buchtiteln, sondern er beweist auch, dass Märchen längst schon die Erwachsenen anzieht. Ursprünglich sind Märchen denn auch ausschliesslich den Erwachsenen erzählt worden! Sie waren in früheren Zeiten für die Menschen eine Art «Fernsehersatz». Entstehungsgeschichtlich kommt das Wort «Märchen» von «Mär» bzw. «Märe», was Nachricht oder Kunde heisst. Die Märchen hatten demnach eine Botschaft zu überbringen.

Welche Botschaften haben die Märchen heute noch für uns? Warum sind sie seit einigen Jahren wieder «in»? In unserer Zeit des Rationalismus wird schon seit längerem ein Gegenpol sichtbar: Eine immer stärker werdende Nachfrage nach Mythen, asiatischen Religionen und esoterischem Gedankengut bilden die Gegenseite des offiziell herrschenden Zeitgeistes. Auch die Märchen gehören zu dieser faszinierenden Welt des Irrationalen und des Archetypischen (Urbilder). Sie besitzen die gerade heute notwendige Eigenschaft, ihre seelische Heilungsbotschaft an der Ratio vorbei direkt an das Unbewusste des Menschen zu senden. Die magische Bildersprache der Märchen erreicht uns immer – auch wenn wir uns dagegen wehren!

In der Praxis fallen einige Märchenbilder recht brutal aus. Dies hat nur einen Zweck: Es soll uns aus dem seelischen «Dornröschenschlaf» aufwecken. Wenn beispielsweise in einem Märchen der Hausbesitzer viele «Leichen im Keller» entdeckt, so ist das ein unmissverständliches Signal zum Aufräumen in seinen seelischen Abgründen.

Viel zum Missverständnis über die Märchen beigetragen hat in der Vergangenheit die Überbewertung solcher und anderer «Grausamkeiten». Jeder Märchenleser bzw. Zuhörer kann intuitiv spüren, dass diese Grausamkeiten eine rein symbolische Funktion haben. Grausames wird im Märchen nie *en detail* beschrieben, sondern nur allgemein erwähnt. Orte, Zeitumstände und genaue Namen werden ebenfalls deswegen nicht gegeben, weil das Märchen auf allgemeinmenschliche Probleme aufmerksam machen will. «Das Mütterlein», «der Knabe» und «die tüchtige Magd» werden absichtlich ohne jegliche individuelle Züge dargestellt. Die Auseinandersetzung dieser «Helden» mit abscheulichen «Bösewichten» soll sie auf bestimmte psychische Probleme aufmerksam machen.

Gerade im Kampf mit diesen negativen Mächten wird der Held autonom und lernt, seine eigenen Fähigkeiten zu gebrauchen. Je mehr er reift, desto schwächer wird denn auch das «Böse», das in personifizierter Form (Hexe, Drache etc.) unsere Neurosen und Komplexe darstellt. Die Fruchtbarkeit des Märchens liegt also in der Universalität seiner symbolischen Aussagen, die jedem etwas zu sagen haben.

Der eindeutig archetypische Grundcharakter der Märchen wird von der Märchenforschung bestätigt: So ist beispielsweise das Leitthema von «Schneewittchen» in Hunderten von Fassungen über den ganzen Globus anzutreffen – auch bei isoliert lebenden Eingeborenenstämmen. Die menschliche Seele spricht überall auf der Welt in ähnlichen Bildern.

Spätestens an dieser Stelle müssen wir die Querverbindung zur Astrologie ziehen, in der ja ebenfalls archetypische Wahrheiten enthalten sind. Nichts ist einleuchtender, als die Symbolketten von Tierkreiszeichen und Planeten auch in den Märchen zu vermuten. Wer die astrologischen Analogien kennt, hat bei vielen Märchen kaum Probleme, sinnvolle Zuordnungen vorzunehmen. Ist das astrologische Hintergrundmuster eines Märchens erst einmal entdeckt, entschleiern sich häufig «nebenbei» auch bisher unklare Textstellen. Ohne Zweifel kann die Astrologie einen wertvollen Beitrag zur psychologischen Märchendeutung leisten.

Natürlich lassen sich längst nicht alle Märchen zwanglos und eindeutig astrologisch einordnen. So, wie es beispielsweise gewisse inhaltliche Überschneidungen zwischen den Erdzeichen Jungfrau und Steinbock gibt, so spiegeln auch die Märchen selten nur ein einziges Thema wider. Meist jedoch wird die Märchen-Bildersprache einem Hauptthema untergeordnet. In dem Märchen «Der Eisenhans», unserem ersten Beispiel, kann man die Hauptfigur schnell und deutlich als Mars-Helden identifizieren. Dies schliesst aber nicht aus, dass Sonne/Löwe-Entsprechungen (Gold) sinnbildlich den Weg zur Individuation unterstreichen.

Am wichtigsten bei der astrologischen Zuordnung scheint mir das psychologische Ausgangsproblem zu sein. Ist der «Held» ein Muttersöhnchen, das Angst vor der Selbständigkeit hat, dann werden wir sofort nach weiteren Mond/Krebs-Analogien Ausschau halten. Die bewundernswerte inhaltliche Stimmigkeit der Märchen zeigt sich bei dem Gleichklang von psychologischen Themen und angetroffenen astrologisch-psychologischen Entsprechungen.

Bei der Vielschichtigkeit der Märchen darf es uns aber nicht überraschen, wenn wir – scheinbar unpassend – ein Steinbock-Symbol in einem Waage-Märchen entdecken; es hat mit Sicherheit eine bestimmte Rolle zu spielen. Wichtig für die Deutung ist immer die Sicht des Gesamtzusammenhangs. Wir sollten immer fragen: Wie sind die Symbole zueinander gruppiert und welche Hauptaussage soll letztlich damit ausgedrückt werden? Auch von der Horoskopdeutung wissen wir, dass es «rote Fäden» und «Nebenlinien» gibt.

II. «DER EISENHANS» – EIN MARS-MÄRCHEN

Es war einmal ein König, der hatte einen grossen Wald bei seinem Schloss, darin lief Wild aller Art herum. Zu einer Zeit schickte er einen Jäger hinaus, der sollte ein Reh schiessen, aber er kam nicht wieder. «Vielleicht ist ihm ein Unglück zugestossen», sagte der König und schickte den folgenden Tag zwei andere Jäger hinaus, die sollten ihn aufsuchen, aber die blieben auch weg. Da liess er am dritten Tag alle seine Jäger kommen und sprach: «Streift durch den ganzen Wald und lasst nicht nach, bis ihr sie alle gefunden habt.» Aber auch von diesen kam keiner wieder heim, und von der Meute Hunde, die sie mitgenommen hatten, liess sich keiner wieder sehen. Von der Zeit an wollte sich niemand mehr in den Wald wagen, und er lag in tiefer Stille und Einsamkeit, und man sah nur zuweilen einen Adler oder Habicht darüber hinfliegen.

Das dauerte viele Jahre; da meldete sich ein fremder Jäger bei dem König, suchte eine Versorgung und erbot sich, in den gefährlichen Wald zu gehen. Der König aber wollte seine Einwilligung nicht geben und sprach: «Es ist nicht geheuer darin, ich fürchte, es geht dir nicht besser als den andern, und du kommst nicht wieder heraus.» Der Jäger antwortete: «Herr, ich will's auf meine Gefahr wagen – von Furcht weiss ich nichts.»

Der Jäger begab sich also mit seinem Hund in den Wald. Es dauerte nicht lange, so geriet der Hund einem Wild auf die Fährte und wollte hinter ihm her; kaum aber war er ein paar Schritte gelaufen, so stand er vor einem tiefen Pfuhl, konnte nicht weiter, und ein nackter Arm streckte sich aus dem Wasser, packte ihn und zog ihn hinab. Als der Jäger das sah, ging er zurück und holte drei Männer, die mussten mit Eimern kommen und das Wasser ausschöpfen. Als die auf den Grund sehen konnten, so lag da ein wilder Mann, der braun am Leib war wie rostiges Eisen und dem die Haare über das Gesicht bis zu den Knien herabhingen. Sie banden ihn mit Stricken und führten ihn fort in das Schloss. Da war grosse Verwunderung über den wilden Mann, der König aber liess ihn in einen eisernen Käfig auf seinem Hof setzen und verbot bei Lebensstrafe, die Türe des Käfigs zu öffnen, und die Königin musste den Schlüssel selbst in Verwahrung nehmen. Von nun an konnte ein jeder wieder mit Sicherheit in den Wald gehen.

Der König hatte einen Sohn von acht Jahren, der spielte einmal auf dem Hof, und bei dem Spiel fiel ihm sein goldener Ball in den Käfig. Der Knabe lief hin und sprach: «Gib mir meinen Ball heraus!» – «Nicht eher», antwortete der Mann, «als bis du mir die Türe aufgemacht hast.» – «Nein», sagte der Knabe, «das tue ich nicht, das hat der König verboten», und lief fort. Am anderen Tag kam er wieder und forderte seinen Ball, der wilde Mann sagte: «Öffne meine Türe», aber der Knabe wollte nicht. Am dritten Tag war der König auf die Jagd geritten, da kam der Knabe nochmals und sagte: «Wenn ich auch wollte, ich kann die Türe nicht öffnen, ich habe den Schlüssel nicht.» Da sprach der wilde Mann: «Er liegt unter dem Kopfkissen deiner Mutter, da kannst du ihn holen.» Der Knabe, der seinen Ball wiederhaben wollte, schlug alles Bedenken in den Wind und brachte den Schlüssel herbei. Die Türe ging schwer auf, und der Knabe klemmte sich die Finger. Als sie offen war, trat der wilde Mann heraus, gab ihm den goldenen Ball und eilte hinweg. Dem Knaben war angst geworden, er schrie und rief ihm nach: «Ach, wilder Mann, geh nicht fort, sonst bekomme ich Schläge.» Der wilde Mann kehrte um, hob ihn auf, setzte ihn auf seinen Nacken und ging mit schnellen Schritten in den Wald hinein. Als der König heimkam, bemerkte er den leeren Käfig und fragte die Königin, wie das zugegangen wäre. Sie wusste nichts davon, suchte den Schlüssel, aber er war weg. Sie rief den Knaben, aber niemand antwortete. Der König schickte Leute aus, die ihn auf dem Felde suchen sollten, aber sie fanden ihn nicht. Da konnte er leicht erraten, was geschehen war, und es herrschte grosse Trauer an dem königlichen Hof.

Als der wilde Mann wieder in dem finstern Wald angelangt war, so setzte er den Knaben von den Schultern herab und sprach zu ihm: «Vater und Mutter siehst du nicht wieder, aber ich will dich bei mir behalten, denn du hast mich befreit, und ich habe Mitleid mit dir. Wenn du alles tust, was ich dir sage, so sollst du's gut haben. Schätze und Gold habe ich genug und mehr als jemand in der Welt.» Er machte dem Knaben ein Lager von Moos, auf dem er einschlief, und am andern Morgen führte ihn der Mann zu einem Brunnen und sprach: «Siehst du, der Goldbrunnen ist hell und klar wie Kristall – du sollst dabei sitzen und achthaben, dass nichts hineinfällt, sonst ist er verunehrt. Jeden Abend komme ich und sehe, ob du mein Gebot befolgt hast.» Der Knabe setzte sich an den Rand des Brunnens, sah, wie manchmal ein goldener Fisch, manchmal eine goldene Schlange sich darin zeigte, und hatte acht, dass nichts hineinfiel. Als er so sass, schmerzte ihn einmal der Finger so heftig, dass er ihn unwillkürlich in das Wasser steckte. Er zog ihn schnell wieder heraus, sah aber, dass er ganz vergoldet war, und wie grosse Mühe er sich gab, das Gold wieder abzuwischen, es war alles vergeblich. Abends kam der Eisenhans zurück, sah den Knaben an und sprach. «Was ist mit dem Brunnen geschehen?» – «Nichts, nichts», antwortete er und hielt den Finger auf den Rücken, dass er ihn nicht sehen sollte. Aber der Mann sagte: «Du hast den Finger ins Wasser getaucht – diesmal mag's hingehen, aber hüte dich, dass du nicht wieder etwas hineinfallen lässt.» Am frühsten Morgen sass er schon bei dem Brunnen und bewachte ihn. Der Finger tat ihm wieder weh, und er fuhr damit über seinen Kopf; da fiel unglücklicherweise ein Haar herab in den Brunnen. Er nahm es schnell heraus; aber es war schon ganz vergoldet. Der Eisenhans kam und wusste schon, was geschehen war. «Du hast ein Haar in den Brunnen fallen lassen», sagte er, «will dir's noch einmal nachsehen, aber wenn's zum drittenmal geschieht, so ist der Brunnen entehrt und du kannst nicht länger bei mir bleiben.» Am dritten Tag sass der Knabe am Brunnen und bewegte den Finger nicht, wenn er ihm noch so weh tat. Aber die Zeit ward ihm lang, und er betrachtete sein Angesicht, das auf dem Wasserspiegel stand. Und als er sich dabei immer mehr beugte und sich recht in die Augen sehen wollte, so fielen ihm seine langen Haare von den Schultern herab in das Wasser. Er richtete sich schnell in die Höhe, aber das ganze Haupthaar war schon vergoldet und glänzte wie eine Sonne. Ihr könnt denken, wie der arme Knabe erschrak. Er nahm sein Taschentuch und band es um den Kopf, damit es der Mann nicht sehen sollte. Als er kam, wusste er schon alles und sprach: «Binde das Tuch auf.» Da quollen die goldenen Haare hervor, und der Knabe mochte sich entschuldigen, wie er wollte, es half ihm nichts. «Du hast die Probe nicht bestanden und kannst nicht länger hier bleiben. Geh hinaus in die Welt, da wirst du erfahren, wie die Armut tut. Aber weil du kein böses Herz hast und ich's gut mit dir meine, so will ich dir eins erlauben – wenn du in Not geratest, so geh zu dem Wald und rufe «Eisenhans», dann will ich kommen und dir helfen. Meine Macht ist gross, grösser als du denkst, und Gold und Silber habe ich im Überfluss.»

Da verliess der Königssohn den Wald und ging über gebahnte und ungebahnte Wege immerzu, bis er zuletzt in eine grosse Stadt kam. Er suchte da Arbeit, aber er konnte keine finden und hatte auch nichts erlernt, womit er sich hätte forthelfen können. Endlich ging er in das Schloss und fragte, ob sie ihn behalten wollten. Die Hofleute wussten nicht, wozu sie ihn brauchen sollten, aber sie hatten Wohlgefallen an ihm und hiessen ihn bleiben. Zuletzt nahm ihn der Koch in Dienst und sagte, er könnte Holz und Wasser tragen und die Asche zusammenkehren. Einmal, als gerade kein anderer zur Hand war, hiess ihn der Koch die Speisen zur königlichen Tafel tragen; da er aber seine goldenen Haare nicht wollte sehen lassen, so behielt er sein Hütchen auf. Dem Könige war so etwas noch nicht vorgekommen und er sprach: «Wenn du zur königlichen Tafel kommst, musst du deinen Hut abziehen.» – «Ach, Herr», antwortete er, «ich kann nicht, ich habe einen bösen Grind auf dem

Kopf.» Da liess der König den Koch herbeirufen, schalt ihn und fragte, wie er einen solchen Jungen hätte in seinen Dienst nehmen können; er sollte ihn gleich fortjagen. Der Koch aber hatte Mitleid mit ihm und vertauschte ihn mit dem Gärtnerjungen.

Nun musste der Junge im Garten pflanzen und begiessen, hacken und graben und Wind und böses Wetter über sich ergehen lassen. Einmal im Sommer, als er allein im Garten arbeitete, war der Tag so heiss, dass er sein Hütchen abnahm und die Luft ihn kühlen sollte. Wie die Sonne auf das Haar schien, glitzte und blitzte es, dass die Strahlen in das Schlafzimmer der Königstochter fielen und sie aufsprang, um zu sehen, was das wäre. Da erblickte sie den Jungen und rief ihn an: «Junge, bring mir einen Blumenstrauss.» Er setzte in aller Eile sein Hütchen auf, brach wilde Feldblumen ab und band sie zusammen. Als er damit die Treppe hinaufstieg, begegnete ihm der Gärtner und sprach: «Wie kannst du der Königstochter einen Strauss von schlechten Blumen bringen? Geschwind hole andere und suche die schönsten und seltensten aus.» – «Ach nein», antwortete der Junge, «die wilden riechen kräftiger und werden ihr besser gefallen.» Als er in ihr Zimmer kam, sprach die Königstochter: «Nimm dein Hütchen ab, es ziemt sich nicht, dass du es vor mir aufbehältst.» Er antwortete wieder: «Ich darf nicht, ich habe einen grindigen Kopf.» Sie griff aber nach dem Hütchen und zog es ab; da rollten seine goldenen Haare auf die Schultern herab, dass es prächtig anzusehen war. Er wollte fortspringen, aber sie hielt ihn am Arm und gab ihm eine Handvoll Dukaten. Er ging damit fort, achtete aber des Goldes nicht, sondern er brachte es dem Gärtner und sprach: «Ich schenke es deinen Kindern, die können damit spielen.» Den andern Tag rief ihm die Königstochter abermals zu, er solle ihr einen Strauss Feldblumen bringen, und als er damit eintrat, grapste sie gleich nach seinem Hütchen und wollte es ihm wegnehmen, aber er hielt es mit beiden Händen fest. Sie gab ihm wieder eine Handvoll Dukaten, aber er wollte sie nicht behalten und gab sie dem Gärtner zum Spielwerk für seine Kinder. Den dritten Tag ging's nicht anders, sie konnte ihm sein Hütchen nicht wegnehmen, und er wollte ihr Gold nicht.

Nicht lange danach ward das Land mit Krieg überzogen. Der König sammelte sein Volk und wusste nicht, ob er dem Feind, der übermächtig war und ein grosses Heer hatte, Widerstand leisten könnte. Da sagte der Gärtnerjunge: «Ich bin herangewachsen und will mit in den Krieg ziehen, gebt mir nur ein Pferd.» Die andern lachten und sprachen: «Wenn wir fort sind, so suche dir eins – wir wollen dir eins im Stall zurücklassen.» Als sie ausgezogen waren, ging er in den Stall und zog das Pferd heraus; es war an einem Fuss lahm und hickelte hunkepuus, hunkepuus. Dennoch setzte er sich auf und ritt fort nach dem dunkeln Wald. Als er an den Rand desselben gekommen war, rief er dreimal «Eisenhans» so laut, dass es durch die Bäume schallte. Gleich darauf erschien der wilde Mann und sprach: «Was verlangst du?» – «Ich verlange ein starkes Ross, denn ich will in den Krieg ziehen.» – «Das sollst du haben und noch mehr, als du verlangst.» Dann ging der wilde Mann in den Wald und führte ein Ross herbei, das schnaubte aus den Nüstern und war kaum zu bändigen. Und hinterher folgte eine grosse Schar Kriegsvolk, ganz in Eisen gerüstet, und ihre Schwerter blitzten in der Sonne. Der Jüngling übergab dem Stallknecht sein dreibeiniges Pferd, bestieg das andere und ritt vor der Schar her. Als er sich dem Schlachtfeld näherte, war schon ein grosser Teil von des Königs Leuten gefallen, und es fehlte nicht viel, so mussten die übrigen weichen. Da jagte der Jüngling mit seiner eisernen Schar heran, fuhr wie ein Wetter über die Feinde und schlug alles nieder, was sich ihm widersetzte. Sie wollten fliehen, aber der Jüngling sass ihnen auf dem Nacken und liess nicht ab, bis kein Mann mehr übrig war. Statt aber zu dem König zurückzukehren, führte er seine Schar auf Umwegen wieder zu dem Wald und rief den Eisenhans heraus. «Was verlangst du?» fragte der wilde Mann. «Nimm dein Ross und deine Schar zurück und gib mir mein dreibeiniges Pferd wieder.» Es geschah alles, was er verlangte, und er ritt auf seinem dreibeinigen Pferd heim. Als der König wieder in sein Schloss kam, ging ihm seine Tochter entgegen und wünschte ihm Glück zu seinem Sieg. «Ich bin es nicht, der den Sieg davongetragen hat», sprach er, «sondern ein fremder Ritter, der mir mit seiner Schar zu Hilfe kam.» Die Tochter wollte wissen, wer der fremde Ritter wäre, aber der König wusste es nicht und sagte: «Er hat die Feinde verfolgt, und ich habe ihn nicht wieder gesehen.» Sie erkundigte sich bei dem Gärtner nach seinem Jungen; der lachte aber und sprach: «Eben ist er auf seinem dreibeinigen Pferd heimgekommen, und die andern haben gespottet und gerufen: ‹Da kommt unser Hunkepuus wieder an.› Sie fragten auch: ‹Hinter welcher Hecke hast du derweilen gelegen und geschlafen?› Er sprach aber: ‹Ich habe das Beste getan, und ohne mich wäre es schlecht gegangen.› Da ward er noch mehr ausgelacht.»

Der König sprach zu seiner Tochter: «Ich will ein grosses Fest ansagen lassen, das drei Tage währen soll, und du sollst einen goldenen Apfel werfen – vielleicht kommt der Unbekannte herbei.» Als das Fest verkündigt war, ging der Jüngling hinaus zu dem Wald und rief den Eisenhans. «Was verlangst du?» fragte er. «Dass ich den goldenen Apfel der Königstochter fange.» – «Es ist so gut, als hättest du ihn schon», sagte Eisenhans, «du sollst auch eine rote Rüstung dazu haben und auf einem stolzen Fuchs reiten.» Als der Tag kam, sprengte der Jüngling heran, stellte sich unter die Ritter und ward von niemand erkannt. Die Königstochter trat hervor und warf den Rittern einen goldenen Apfel zu, aber keiner fing ihn als er allein; aber sobald er ihn hatte, jagte er davon. Am zweiten Tag hatte ihn Eisenhans als weissen Ritter ausgerüstet und ihm einen Schimmel gegeben. Abermals fing er allein den Apfel, verweilte aber keinen Augenblick, sondern jagte damit fort. Der König ward bös und sprach: «Das ist nicht erlaubt, er muss vor mir erscheinen und seinen Namen nennen.» Er gab den Befehl, wenn der Ritter, der den Apfel gefangen habe, sich wieder davonmachte, so sollte man ihm nachsetzen und, wenn er nicht gutwillig zurückkehrte, auf

49

ihn hauen und stechen. Am dritten Tag erhielt er vom Eisenhans eine schwarze Rüstung und einen Rappen und fing auch wieder den Apfel. Als er aber damit fortjagte, verfolgten ihn die Leute des Königs, und einer kam ihm so nahe, dass er mit der Spitze des Schwerts ihm das Bein verwundete. Er entkam ihnen jedoch, aber sein Pferd sprang so gewaltig, dass der Helm ihm vom Kopf fiel, und sie konnten sehen, dass er goldene Haare hatte. Sie ritten zurück und meldeten dem König alles.

Am andern Tag fragte die Königstochter den Gärtner nach seinem Jungen. «Er arbeitet im Garten – der wunderliche Kauz ist auch bei dem Fest gewesen und erst gestern abend wiedergekommen; er hat auch meinen Kindern drei goldene Äpfel gezeigt, die er gewonnen hat.» Der König liess ihn vor sich fordern, und er erschien und hatte wieder sein Hütchen auf dem Kopf. Aber die Königstochter ging auf ihn zu und nahm es ihm ab, und da fielen seine goldenen Haare über die Schultern, und er war so schön, dass alle erstaunten. «Bist du der Ritter gewesen, der jeden Tag zu dem Fest gekommen ist, immer in einer andern Farbe, und der die drei goldenen Äpfel gefangen hat?» fragte der König. «Ja», antwortete er, «und da sind die Äpfel», holte sie aus seiner Tasche und reichte sie dem König. «Wenn Ihr noch mehr Beweise verlangt, so könnt Ihr die Wunde sehen, die mir Eure Leute geschlagen haben, als sie mich verfolgten. Aber ich bin auch der Ritter, der Euch zum Sieg über die Feinde geholfen hat.» «Wenn du solche Taten verrichten kannst, so bist du kein Gärtnerjunge – sage mir, wer ist dein Vater?» – «Mein Vater ist ein mächtiger König, und Goldes habe ich die Fülle und soviel ich nur verlange.» «Ich sehe wohl,» sprach der König, «ich bin dir Dank schuldig, kann ich dir etwas zu Gefallen tun?» – «Ja», antwortete er, «das könnt Ihr wohl, gebt mir Eure Tochter zur Frau.» Da lachte die Jungfrau und sprach: «Der macht keine Umstände, aber ich habe schon an seinen goldenen Haaren gesehen, dass er kein Gärtnerjunge ist», ging dann hin und küsste ihn. Zu der Vermählung kam sein Vater und seine Mutter und wa-

ren in grosser Freude, denn sie hatten schon alle Hoffnung aufge-
geben, ihren lieben Sohn wiederzusehen. Und als sie an der Hoch-
zeitstafel sassen, da schwieg auf einmal die Musik, die Türen gin-
gen auf, und ein stolzer König trat herein mit grossem Gefolge. Er
ging auf den Jüngling zu, umarmte ihn und sprach: «Ich bin der
Eisenhans und war in einen wilden Mann verwünscht, aber du hast
mich erlöst. Alle Schätze, die ich besitze, die sollen dein Eigentum
sein.» [1]

III. Deutung von «Der Eisenhans»

Im Mittelpunkt dieses Märchens steht ein Schatten-Problem: Wie
lassen sich Aggressionen und Urtriebe integrieren, ohne dass sie
für die Gemeinschaft schädlich werden? – Schon im Titel des
Märchens verweist das Metall «Eisen» den Astrologiekundigen
auf den Planeten Mars. Bestätigt wird diese Vermutung durch
den ursprünglichen Titel dieses bekannten Märchens: «Der wilde
Mann». Das Wilde, Ungebändigte wird in der Familie des Königs-
sohns ausgeblendet und verdrängt: Die Jäger (Marsprinzip) verschwinden spurlos im Wald. Erst nach vielen Jahren kommt ein
fremder Jäger, der die Ursache entdeckt. Durch die grosse Zeit-
spanne drückt das Märchen die enorme Angst der Familie aus,
das Marsprinzip überhaupt zur Kenntnis zu nehmen.

Die Entdeckung des wilden Manns entspricht der «psychologischen Diagnose» bzw. der Benennung des Familienproblems.
Durch Nichtbeachtung liess die Familie den wilden Mann regelrecht «versumpfen», das heisst im Unbewussten verschwinden.
Der Leib des wilden Mannes sieht aus wie «rostiges Eisen» und
auch die knielangen Haare lassen an marsischer Ausstrahlung
nichts zu wünschen übrig. Es ist also klar, was man hier versumpfen liess. Die Erscheinung des wilden Mannes erinnert nicht zufällig an ein Tier. Hier geht es um das Tierhafte in uns. Obwohl
die Marsenergie für ein erfülltes Leben unverzichtbar ist, wird sie

vom König in einen eisernen Käfig gesteckt. Mars (wilder Mann) ist hier buchstäblich ausgesperrt. Solches muss sich im Märchen natürlich rächen – und nicht nur da …

Wie so oft im Leben, sind es die Kinder, die in der Nachfolge die ungelösten Probleme der Eltern übernehmen müssen. Der goldene Ball des Jungen rollt in den Käfig. Der Junge hat eine unbewusste Sehnsucht nach der ihm von den Eltern vorenthaltenen Marsseite. Offene Auseinandersetzungen dürften am Hofe wohl tabu gewesen sein, auch wenn das Märchen hierüber nichts berichtet. Der Schlüssel des ganzen Problems liegt buchstäblich wie sinnbildlich bei den Eltern, bzw. bei der Mutter.

Warum jedoch ist es gerade eine goldene Kugel, die die Handlung ins Rollen bringt? Kreis und Kugel sind alte Symbole für die Ganzheitlichkeit, was hier noch durch das Gold unterstrichen wird. Um «ganz» zu werden, benötigt der Junge auch die ihm bislang vorenthaltene Marsenergie. Gerade darum muss die goldene Kugel zum wilden Mann rollen. Das wahre Ich bedarf des wilden Mannes! Natürlich versteht sich von selbst, dass diese erste Begegnung mit dem Marsischen für das Kind mit Angst verbunden ist. Nachdem Mars so lange ausgesperrt war, klemmt jetzt die Tür, so dass sich der Junge den Finger quetscht. Der erste Kontakt mit Mars ist also mit einem Mini-Unfall verbunden, aber dennoch befindet sich der Junge auf dem richtigen Weg. Deshalb spürt er innerlich auch, dass er nach dem ersten Schritt (Öffnung des Käfigs) auch den zweiten tun muss, nämlich ihm zu folgen, um von ihm zu lernen.

Im Wald des wilden Mannes angelangt, fesselt ein Goldbrunnen unsere Aufmerksamkeit. Im Märchen stehen Brunnen und Schächte meist für den Zugang zur jenseitigen Welt (Welt der Toten) und für eine psychische Wandlungsmöglichkeit. Der Goldbrunnen befindet sich zudem nicht auf dem Lande oder in der Stadt, sondern im «finsteren Walde». Der finstere Wald repräsentiert gefährliche Seiten des Unbewussten. Der mit Kristall verglichene Wasserspiegel des Brunnens weist auf die Erkenntnis des Selbst mit Hilfe des Unbewussten hin. Mit Kristallkugeln versetzen sich bekanntlich manche Hellseher in Trance, um dem Schicksalslauf auf die Spur zu kommen. All dies gehört anscheinend genauso zur Welt des wilden Mannes wie der anfangs erwähnte Pfuhl und seine aggressiven Seiten.

Verena Kast, eine an C. G. Jung orientierte Psychologin und Märcheninterpretin, fühlte sich bei der Deutung dieses Märchens an den Magier Merlin erinnert: *Merlin, der im Artus- und Gralszyklus die Gestalt ist, die hinter allen Entwicklungen und Verwicklungen steht, er, der Zauberer, der Lehrer, der Seelenführer, er wohnt im Zauberwald – wer in diesen Wald gerät, verirrt sich, ist immer wieder vom Tod bedroht, wer sich aber diesen Gefahren gewachsen weiss, der verlässt diesen Wald als ein Gewandelter, als einer, der dem Tod ins Auge gesehen hat, als ein Wiedergeborener.* [2]

Begriffe wie Tod, Wiedergeborenwerden und Zauberei erinnern sofort an das Tierkreiszeichen Skorpion. Zu jener Zeit, als

MERLIN, DER MAGIER

dieses Märchen entstand, sahen die Astrologen den Planeten Mars nicht nur als Regenten des Widders, sondern auch des Skorpions an. Jetzt beginnen wir zu verstehen, warum der wilde Mann einen fast hypnotisch wirkenden Brunnen besitzt, dessen kristallener Wasserspiegel seinen Bewacher zur meditativen Ich-Schau anregt, ja förmlich hinunterzieht. Das Skorpionprinzip zieht den Mensch in jeglicher Hinsicht in die Tiefe. Die beginnende Ich-Erkenntnis trägt bei dem Jungen schnell die ersten Früchte: Ein Finger und die Haare werden vergoldet. Wenn bei der anfänglichen Befreiung der Marsenergie ein Finger gequetscht wurde, so zeigt die jetzige Vergoldung, dass das Marsprinzip von dem Jungen als Teil von ihm selbst immer mehr akzeptiert wird – ja es wird sogar zu schnell verinnerlicht (die Warnungen des wilden Mannes).

Die sich im wilden Mann mit dem skorpionischen Gegensatzprinzip (hier: Pfuhl contra Goldbrunnen) vereinigenden Marskräfte begegnen uns später auch auf dem Turnierplatz: Der Junge kommt nacheinander in roter (Mars), weisser und schwarzer Montur. Weiss/Schwarz markiert das Tod/Leben bzw. das Kontrastprinzip.

Zunächst jedoch ist für den Jungen die stille Selbsterfahrung angesagt. All das Neue ist für ihn faszinierend. Um sein Gesicht (Selbst) besser sehen zu können, neigt er sich immer tiefer in den Brunnen. Wer sich jedoch zu schnell und zu intensiv den eigenen seelischen Tiefen nähert, begibt sich in Gefahr. Was der Junge bisher beim wilden Mars gelernt hat, muss nun zunächst einmal in der Welt erprobt werden. Der für den Skorpion so typische Tabubruch (Brunnenberührung) hat also für den Jungen letztlich positive Folgen. Der wilde Mann, der den Jungen liebt, ist ihm nicht ernstlich böse. Er verspricht ihm sogar, in der Not zu helfen.

Seine erste Bewährungsprobe ist die Arbeit als Küchenjunge an einem Schlosshof. Sowohl als Holz- und Wasserträger als auch als Gärtnerjunge muss er hart körperlich arbeiten. Vorläufig noch ist der Mars- und auch der Skorpion-Teil in ihm nicht gänzlich integriert. Seine gerade gewonnenen Fähigkeiten gleichen jungen Pflänzchen, die noch geschützt werden müssen (goldene Haare). Wir verstehen, warum er in «unziemlicher Weise» seinen Kopf vor dem König nicht entblösst und zum Schutz eine Krankheit (Grind) vorgibt. Die Zeit, seine Fähigkeiten nach aussen unter Beweis zu stellen (sein «Gold» zu zeigen), wird erst noch kommen.

Die sich dennoch schon jetzt – in kleinem Rahmen – zeigenden positiven Anlagen werden in der Gartenszene mit der Prinzessin deutlich. Er «blendet» sie für einen kurzen Moment mit seinen goldenen Haaren. Als Gabe will er ihr dann keine makellosen Zuchtblumen überreichen, wie es der Gärtner im Sinn hat, sondern er pflückt wilde Feldblumen und sagt: «… die wilden riechen kräftiger und werden ihr besser gefallen.» Damit gibt er dem Marsprinzip viel Raum.

Wenn ein Mensch zu seinen inneren Anlagen einen fruchtbaren Zugang findet, wird er schnell für andere interessant. Der innere Reichtum eines Menschen macht sich immer in seiner Persönlichkeitsausstrahlung bemerkbar: Die Prinzessin hat ein Auge auf den Jungen geworfen. Zunächst jedoch will er sich auf die in ihn verliebte Königstochter noch nicht einlassen; ihre Gunst gibt er an andere weiter: Die Dukaten verschenkt er an die Kinder des Gärtners. Weiss er ihre Zuneigung noch nicht richtig zu schätzen? – Er ist wohl nur noch nicht ganz reif dafür. Um ihrer würdig zu sein, muss er vorher noch eine Feuertaufe bestehen, den Krieg (Marsprinzip), und innerlich weiss er darum oder zumindest ahnt er es. Erst bei den Turnierkämpfen (auch Wettbewerbe unterstehen Mars) wird er seine erfolgreiche Entwicklung öffentlich demonstrieren. Das Geheimnis der verborgenen goldenen Haare wird im wahrsten Sinne des Wortes gelüftet – wenn auch unfreiwillig. Doch vom Entwicklungsweg her gesehen, ist der jetzige Zeitpunkt vom «Zufall» richtig gewählt worden.

Die Beziehung zwischen dem Mars/Widder-Prinzip und dem Eisenhans wird im Laufe der Handlung noch einmal dadurch deutlich, dass es der wilde Mann ist, der den Jungen mit der Kriegsausrüstung versorgt. Sowohl durch die erfolgreiche Teilnahme am Krieg (symbolisch!) als auch durch den Turniersieg stellt der Junge seine Lebenstauglichkeit unter Beweis. Die drei bei dem Turnier zur Schau gestellten Farben entsprechen den *zwei* astrologischen Prinzipien, die der Held verinnerlicht hat: Marsprinzip (rote Rüstung und Fuchs) und das Skorpionprinzip als die Fähigkeit, Gegensätze auszuhalten und zu integrieren. Astrologisch gesehen, können wir Skorpion mit dem Kontrastprinzip bzw. dem Hell-Dunkel-Prinzip in Verbindung bringen. Schwarz ist die Farbe des Todes und der Trauer, während Weiss Reinheit und Unschuld versinnbildlicht. Der Junge hat diese beiden Anteile in sich angenommen und kann sie aushalten.

Meiner Erfahrung nach kann das Zeichen Skorpion durchaus buchstäblich ein Schwarzweiss-Prinzip sein. Der Maler Paul Cézanne (Aszendent Skorpion) schrieb über seine Malweise: *Die Zeichnung ist ein Rapport von Kontrasten oder einfach ein Rapport zweier Töne, Weiss und Schwarz.* In Cézannes Bildern drückt sich der Aszendent durch eine besonders kontrastreiche Malweise aus, insbesondere in den Landschaftsbildern. Cézanne selber wurden übrigens «stark beherrschende Augen» bescheinigt, «die einen nicht mehr losliessen».

Das Ende des Märchens zeigt uns einen Helden, der nicht nur zu Recht die Liebe der Prinzessin auf Dauer gewinnt (Apfel als venusisches Liebessymbol), sondern es stellt uns eine Persönlichkeit vor, die mit sich ins reine gekommen ist. Marsische und skorpionische Anteile wurden nicht verdrängt, sondern integriert. «Der macht keine Umstände», sagt die Prinzessin und weist damit darauf hin, wie «marsisch» der Junge mittlerweile geworden ist. Der gereifte Held kann jetzt auch ohne Furcht den Eltern wieder gegenübertreten. Ihre Abwesenheit war zwar für die seelische Entwicklung notwendig, doch jetzt verlieren alle Beschränkungen ihre Gültigkeit. Der Selbsterlösung des Helden entspricht natürlich auf der äusserlichen Handlungsebene die Erlösung des Eisenhans: Es ist der *«Eisenhans» im Jungen*, der da von seinem «Schatten»-Dasein befreit wurde. Als Folge davon kann er sich nun auch mit der Anima vermählen. [3)]

IV. «DIE BLUME DES GLÜCKS» – EIN MOND-MÄRCHEN

Ein altes Mütterlein lebte mit ihrem einzigen Sohn in einer armseligen Hütte. Als die Mutter im Sterben lag, sagte sie zu ihm: «Lieber Sohn, gehe in die Welt und versuche dein Glück, denn hier im Dorfe sind wir nicht gut gelitten. Auf meinem Grabe kannst du dir dann eine Blume pflücken, die über mir wachsen wird. Sie wird dir den Weg zum Glück zeigen.»

Nachdem die Mutter beerdigt worden war, blühte auf ihrem Grabe eine wunderschöne blaue Blume. Der Sohn pflückte sie und verwahrte sie sorgfältig in der Tasche. Dann zog er fort von zu Haus. Als erstes begegnete ihm ein hinkender Wolf, der ihn darum bat, ihm eine Kugel aus dem Bein zu entfernen. Der Jüngling half dem Wolf, und zur Belohnung gab ihm dieser ein Haar von sich und sprach: «In der Not hauche das Haar an, so werde ich dir beistehen.» Der Jüngling tat das Haar zu der blauen Blume in die Tasche und ging weiter seines Weges.

Lange wanderte er durch die Welt, doch nirgends fand er sein Glück. Da erinnerte er sich an die Worte seiner Mutter und holte die Blume hervor. Diese sprach zu ihm: «Folge mir nach, ich führe dich zu deinem Glück.» Die Blume schwebte vor seinen Augen und wies ihm den Weg. Am Abend kamen sie in einen tiefen Wald, wo ihn ein Fuchs darum bat, ihm eine Wespe aus dem Ohr zu holen. Als er das Tier von seiner Plage befreit hatte, sagte es: «Als Dank für deine Tat darf ich dir folgendes sagen: Bevor du dein Glück finden kannst, musst du bei einer bösen Urme (böse Fee) dienen und eine störrische Kuh hüten. Wenn du nach dem Hüten ohne die Kuh zurückkommst, wird dich die Urme töten. Gelingt es dir aber, ihrer Herr zu werden, so verlange als Lohn die Kappe, die hinter dem Ofen hängt. Es ist eine Tarnkappe.»

Bald war der Fuchs verschwunden und die blaue Blume führte den Jüngling an ein grosses Haus. «Versteck mich in deiner Tasche!» rief die Blume. Als er dies getan hatte, erschien vor der Tür des Hauses eine alte, hässliche Frau. «Was willst du?» fragte sie. «Ich will dein Knecht sein», entgegnete er. «Na gut», antwortete die Alte, «du sollst an drei Tagen mit meiner Kuh auf die Weide gehen, aber die Kuh darf nie ohne dich zurückkommen, sonst bist du des Todes. Gelingt es dir, kannst du dir etwas aus meinem Haus aussuchen.» Der Jüngling willigte ein, und am nächsten Morgen ging er mit der Kuh auf die Weide. Kaum dort angelangt, jagte die Kuh wieder in Richtung ihres Stalles zurück. Da erinnerte sich der Jüngling des Wolfshaars und rief diesen zu Hilfe. Sogleich erschien der Wolf mit vielen tausend anderen Wölfen und trieb die Kuh wieder auf die Weide. Am Abend kamen dann Hirte und Kuh zusammen vor dem Haus an. Am zweiten und dritten Tage geschah es ebenso, dass der Wolf dem Jungen helfen musste. Die Urme lobte ihn und hiess ihn, sich etwas aus dem Hause auszusuchen. Der Jüngling wählte sich ohne zu zögern die Kappe und nahm sie sich einfach. Die Urme jedoch wollte sie ihm wieder aus den Händen reissen, doch da er sie schon aufgesetzt hatte, war er unsichtbar geworden. Schnell lief er aus dem Haus. Da meldete sich die Blume und rief: «Nimm mich heraus und folge mir nach!» Er tat, wie ihm geheissen, und folgte ihr.

Nach langer Wanderung kam der Jüngling in ein Gebirge. Er war müde und verzweifelt. Die Blume sagte: «Lege mich in die Tasche!» Er tat es und legte sich unter einen Baum zur Ruhe. Längst war es Abend geworden, doch der Jüngling schlief noch immer im Schein des aufgehenden Mondes. Keinen Laut hörte man. Alles erschien wie tot in tiefem Schlaf. Plötzlich drang ein Schrei durch die Stille, und der Jüngling erwachte. Vor sich sah er eine hässliche

Kröte, die ein kleines Männlein am Fuss zerrte. Der Jüngling warf sofort einen Stein auf die Kröte und beschützte den kleinen Mann. «Hab Dank für die Rettung», sagte das Männlein, «die Kröte ist eine böse Urme, die jetzt viele Kröten zu Hilfe rufen wird, die uns töten werden.» Sofort setzte der Jüngling seine Kappe auf. Kaum war er unsichtbar geworden, so kamen viele tausend Kröten heran, doch der Junge schnappte sich das Männlein und konnte mit ihm unerkannt in eine Höhle flüchten.

Der kleine Mann sprach: «Setz deine Kappe ab, wir gehen jetzt zu meinen Brüdern.» Sie traten in einen grossen unterirdischen Raum, in dem viele kleine Männlein um einen Zwergenkönig versammelt waren. Der kleine Mann sprach zum König: «Dieser Jüngling hat mich vor dem sicheren Tod gerettet. Die böse Urme hätte mich beinahe getötet.» Der König sah auf den Jüngling und erwiderte: «Für deine Tat sollst du reichlich belohnt werden. Nimm dieses Haar aus meinem Bart und hauche es an, wenn du in grosser Not bist; ich werde dir dann mit meinem Volk Beistand leisten.» Dann gab er ihm eine silberne Flasche und sprach: «Wenn man mit diesem Wasser, das nie abnimmt, einen Stein benetzt, so wird er sich zu Gold verwandeln.» Ausserdem wurde ihm noch eine immer treffende Flinte geschenkt. Dann musste er die Welt der kleinen Männer verlassen. Beim Abschied kündigte das kleine Männlein ihm noch an, dass er bald drei verwünschten Jungfrauen begegnen würde.

Wieder im Freien, rief die Blume: «Hol mich heraus!» Er nahm sie hervor und folgte ihr wieder. Am Abend kam er an einen See und legte sich dort am Ufer nieder. Plötzlich erschienen auf dem See drei wunderschöne goldene Gänse vor ihm. Der Jüngling zielte mit der Flinte auf die kleinste der Gänse, die er auch traf. Die beiden anderen flogen aufgeregt fort. Die kleine Gans jedoch verwandelte sich vor seinen Augen in eine strahlende Jungfrau, die zu ihm sprach: «Wenn du auch meine Schwestern erlöst, die jetzt wieder im Glasberg gefangen sind, so will ich deine Frau werden.»

Am nächsten Morgen führte ihn die Jungfrau zum Glasberg. Der Jüngling hauchte das Haar des Zwergenkönigs an, der auch sogleich mit vielen tausend Gefolgsleuten erschien. «Wir werden dir helfen, in den Glasberg hineinzukommen», sagte der kleine König. Daraufhin klopften und bohrten die vielen kleinen Männlein wie wild, bis ein Gang in den Berg freigelegt war. Nach getaner Arbeit verschwanden sie wieder. Im Berg aber donnerte es, und zwei Gänse flogen heraus. Der Jüngling zielte mit seiner Flinte auf die Gänse, und zwei schöne Jungfrauen purzelten auf die Erde. Nachdem der Jüngling auch noch ein grosses Untier erlegt hatte, das im Glasberg gehaust hatte, sprach die blaue Blume zum Jüngling: «Ich bin die Seele deiner verstorbenen Mutter. Jetzt werde ich in den Himmel zurückkehren.» Daraufhin verschwand die blaue Blume. Der Jüngling jedoch heiratete die jüngste der Schwestern, und auch die anderen beiden heirateten bald. [4)]

V. DEUTUNG VON «DIE BLUME DES GLÜCKS»

Im Mittelpunkt dieses Märchens steht ein typisches Mond/Krebs-Problem: die Ablösung von der Mutter. In der Praxis setzen solche inneren Trennungen oft erst nach dem Tod des Elternteils ein. Auf dem Weg zur Autonomie gibt es für unseren Helden immer wieder neue Auseinandersetzungen mit der archetypischen «Welt der Mütter». Dieses zeitlos aktuelle Thema spielt in Mythen und Märchen eine grosse Rolle. Im Mythos ist es unter anderem in der Geschichte von Achilleus behandelt, und als weiteres Märchen sei hier auf «Die Gänsemagd» (Grimm) verwiesen. [5)]

Typisch für eine symbiotische Eltern-Kind-Beziehung sind eine grosse Trennungsangst und die Projektion der meisten Probleme auf eine vermeintlich «feindliche Aussenwelt». Das Märchen berichtet uns, dass Mutter und Sohn «im Dorf nicht gut gelitten» sind. Bestimmt nicht schuldlos haben sich die beiden von der Gemeinschaft isoliert. Da von einem Vater keine Rede ist (ist er früh verstorben?) und der Jüngling auch noch ein Einzelkind ist, kann man sich vorstellen, wie eng die gegenseitige Abhängigkeit gewesen sein muss. Die erwähnte Armut der beiden versinnbildlicht ihre Unfähigkeit, mit den Potentialen des Lebens schöpferisch umzugehen.

Schliesslich stirbt die Mutter. Endlich wird der Sohn gezwungen, sich auf die eigenen Beine zu stellen. Auch die Mutter sieht im Sterben die Notwendigkeit, dass ihr Sohn sich aktiv mit der Umwelt auseinandersetzen muss: «Gehe in die weite Welt ...» In der Zukunft wird die Mutter ihren Sohn in Form eines «lebenden» *inneren* Mutterbildes begleiten und führen: als blaue Blume. Trotz aller Enge in der Beziehung verdeutlicht die Blume dem Leser die letztlich liebevolle Mutter-Sohn-Beziehung.[6] In Novalis' *Heinrich von Ofterdingen* stellt eine blaue Blume die ins Unendliche gesteigerte Sehnsucht dar. Mittelalterliche Madonnenbilder zeigen die Jungfrau ebenfalls meist in Blau, weil diese Farbe auf Transzendentales und selbstlose Liebe hinweist. Der «Jüngling», der noch an seinem «Mütterlein» hängt, wird in unserem Märchen durch das noch in ihm existierende Mutterbild (Blume) auf den Weg zur Autonomie geführt. Dabei wird sich erweisen, dass die an sich gute Mutterbeziehung für den Jungen auch ihre negativen Seiten gehabt hat. Das Akzeptierenkönnen der in der Vergangenheit ausgelösten psychischen Fehlprägung ist dabei der Schlüssel zur Selbstverwirklichung. Um nun all diese Zusammenhänge zu verstehen, muss der Junge der Blume folgen.

In seinem bisherigen Leben hat der Junge die männlichen und aggressiven Anteile weitgehend ausgeblendet. Insofern gibt es hier Parallelen zum «Eisenhans» Der hinkende Wolf erinnert in gewisser Weise an den im Käfig eingesperrten wilden Mann. Der lädierte Wolf spiegelt die mangelnde Wehrhaftigkeit des Jungen wider. Weil er bereit ist, seinen männlichen Anteilen wieder auf die Beine zu helfen (buchstäblich!), bekommt er auch eine Belohnung: Ein Wolfshaar soll ihm in Notzeiten Beistand leisten.

Das Haar hat hier die Bedeutung von vitaler Lebenskraft, das den Helden jetzt näher in Kontakt zur marsischen Welt bringt.

Nachdem der Jüngling lange ohne Glück durch die Welt zieht, erinnert er sich wieder an sein Mutterbild (Blume), das von nun an den Ablauf der Handlung entscheidend mitbestimmt. Verena Kast schreibt hierzu: *Solange uns etwas gelingt, können wir ein gewisses Mass an autonomem Handeln aufrechterhalten, sind wir aber entmutigt, dann übergeben wir unserem Hauptkomplex die Regie, oder er nimmt sie sich.* 7)

Da die Blume den «Hauptkomplex» repräsentiert, ist es nur folgerichtig, dass sie den Jüngling in die Mond/Krebs-Welt entführt: Hexen, Kröten, Höhlen und ähnliches. Zunächst aber gelangt er in einen «tiefen» Wald. «Tiefe» oder auch «finstere Wälder» stehen im Märchen für die Konfrontation mit dem angstbesetzten Unbewussten. Nicht zufällig verliert man sich sehr schnell in einem solchen Wald … Im Wald trifft der Junge auf einen in Bedrängnis geratenen Fuchs. Wenn der Fuchs als «Räuber» (ein weiteres Marssymbol) in einem tiefen Wald steckt und auch noch auf Hilfe angewiesen ist, so verdeutlicht das die trotz der «Wolfsheilung» immer noch nicht ganz hergestellte männliche Seite des Helden. Da der Fuchs wegen seiner Listigkeit und Klugheit ebenfalls Merkur/Zwillinge-Aspekte besitzt, zeigt uns die Rettung dieses Tieres die wünschenswerte Koppelung von gesunder Aggression mit geistiger Wendigkeit. Der Junge sammelt jetzt immer mehr Unterstützung (von innen) in seiner Auseinandersetzung mit der Mutterwelt.

Aus diesem Grunde wird er nun allmählich reif, auch den negativen Seiten seiner Mutter zu begegnen: der Urme! So liebevoll die Mutter zu ihm auch gewesen sein mag, durch ihr Verhalten hat sie die Autonomie des Jungen lange Zeit behindert; dies ist ihre «hässliche Seite». Positive und negative Erinnerungen an die Mutter sollten jedoch zunächst nicht miteinander vermischt werden: «Versteck mich in deiner Tasche!» ruft die Blume. Wer das

Negative in einer Beziehung entdeckt hat, neigt nur allzu leicht dazu, «das Kind mit dem Bade auszuschütten». Gerade deswegen ist eine solche Trennung vonnöten.

Der erste Schritt der psychischen Aufarbeitung besteht darin, sich die problematischen Seiten der Beziehung zuzugestehen. Wenn der Held oder die Heldin (wie etwa die «Gänsemagd») im Märchen Kühe, Schafe oder anderes zu hüten hat, so ist damit in den allermeisten Fällen eine solche psychische Aufarbeitung gemeint. «Hüten» ist ein reflexiver Prozess; es geht darum, die Dinge beieinander zu halten.

Die Kuh,[8)] ein Mond/Krebs-Symbol für die nährende Mütterlichkeit (unter anderem als Milchlieferant für die Kleinkinderernährung), ist in unserem Märchen recht bockig, das heisst, man wird dieser negativen mütterlichen Seite nicht so schnell Herr. Dazu bedarf es kämpferischer (innerer) Bundesgenossen in Form von «tausend Wölfen». In der Auseinandersetzung mit der wilden Kuh der Urme muss der Jüngling unbedingt gewinnen, weil er sonst «sterben muss». Entweder der Mutterkomplex trägt über ihn den Sieg davon («Tod»), oder er macht einen weiteren Schritt in Richtung Autonomie.

Als Gabe für die Beherrschung der Kuh erhält er eine Tarnkappe. Damit kann er in Zukunft vor dem Mütterlichen «wegtauchen», wenn es ihm zu gefährlich wird (Kröte!). Nicht umsonst bekam er den Tip mit der Tarnkappe von dem schlauen Fuchs. Die drohende Mutterwelt (Urme) jedoch versucht verzweifelt, die Tarnkappe zu behalten. Hier ist ein Machtkampf entbrannt! Mit dieser Tarnkappe wurde vermutlich früher die Schattenseite der ansonsten positiven Mutterbeziehung verschleiert, nämlich die Hemmung der Autonomieentwicklung.

Ein solcher Kampf gegen die übermächtig erscheinende Welt der Mutter kostet natürlich viel Kraft. Der Mond/Krebs-Held legt sich zu einem langen Tagesschlaf (!) unter einen Baum. Tagträumereien und eine Flucht ins Reich des Unbewussten sind ambiva-

63

lente Mond/Krebs-Analogien. Einerseits können sie Verdrängungen begünstigen, andererseits bringen sie uns in Kontakt mit unseren noch im Tiefschlaf dümpelnden kreativen Anlagen.

Psychologisch gesehen hat der Kampf mit der Urme den Helden jetzt an einen «toten Punkt» gebracht. Die um ihn herum bestehende Einsamkeit spiegelt nur die innere Schwermut wider. Im Text heisst es sogar, er sei «verzweifelt». Unbestreitbar befindet sich der Junge zu diesem Zeitpunkt in einer Saturnphase: «Keinen Laut hörte man. Alles erschien wie tot …» Sinnigerweise spielt sich dies alles in einer dem Saturn zugeordneten Landschaft ab (Gebirge).

Die den Helden umgebende Saturnwelt lässt uns ahnen, dass der Erfolg gegen die Urme nur ein Etappensieg war. Das böse Mutterbild erscheint in Form einer hässlichen Kröte erneut auf dem Kampfplatz. Nach der chinesischen Mythologie sitzt auf dem Mond eine Kröte, und auch in anderen Kulturkreisen wird dieses Tier mit der weiblichen Fruchtbarkeit in Verbindung gebracht. Wenn nun diese dunklen weiblichen Kräfte sich am «kleinen Männlein» zu schaffen machen, liegt es auf der Hand, an eine sexuelle Symbolik zu denken. Verena Kast deutet diese Szene als Kastrationsangst des Jünglings, bei dem Sexualität und Mutterimago noch sehr eng miteinander verbunden sind.[9] Ob der «kleine Mann» hier tatsächlich ein Penissymbol ist – einiges spricht dafür –, wollen wir getrost den Psychoanalytikern überlassen. Auf jeden Fall läutet der Konflikt mit der Kröte eine neue Runde im Kampf gegen den noch nicht gänzlich befreiten Mutterkomplex ein.

Welche Rolle nun spielen die Zwerge? In diesem Märchen sind sie ein Teil der von der Muttergöttin (Kröte) beherrschten Naturwelt, was sowohl in ihren Behausungen (Höhlen), aber vor allem in ihrer Krötenangst zum Ausdruck kommt. Trotzdem handelt es sich um eine Männerwelt! Obwohl das Weibliche in dieser Männerwelt eine starke Rolle zu spielen scheint, sind die Zwerge

doch immerhin so «männlich», dass sie dem Jüngling wirksame
Hilfe anbieten können. Die nützlichen Gaben der Männlein zeigen, dass die «Vermännlichung» des Helden Fortschritte macht:
Als Gaben erhält er ein Haar des Zwergenkönigs, eine Flinte und
ein wundersames Wasser.

Die erwähnte Verwandlung von Steinen in Gold durch jenes
Wasser lässt sich mit der astrologischen Symbolik allein nicht erklären. Man kann jedoch eine Anspielung auf die Alchemie erkennen. Die wundersame Verwandlung besagt symbolisch (in
diesem Zusammenhang): Wenn die Verhaftung an die Mutterwelt
abgelegt ist, kann sich der Junge in einen «göttlichen Menschen»
transformieren (alchemistischer Prozess). Die Wunderwirkung
des Wassers (Psyche) weist darauf hin, dass es sich um einen seelischen Vorgang handelt.

Das praktischste Zwergengeschenk ist zweifelsohne die immer treffende Flinte. Mit diesem Marssymbol kann der Jüngling
seine bislang noch unerlöste
Anima in der Mond/Venus-
Welt befreien. Als Voraussetzung dafür war es aber
vorher notwendig, mit dem
eigenen Mutterbild ins reine zu kommen. In unserem
Märchen erwartet die Venus
den Helden in Form von verzauberten Gänsen. Wenn
Mars in der Astrologie auf
die Venus trifft, entsteht oft
eine leidenschaftliche Liebe.
In der Geschichte des Helden geht es prosaischer zu.
Die Gänse erscheinen auf
dem See (Welt der Psyche),

ZWERG

65

wobei die kleinste von der Wunderflinte in eine bezaubernde Jungfrau verwandelt wird.

Im Mythos sind die Gänse traditionell der Venus/Aphrodite geweiht; gleichzeitig sind sie auch Opfergaben des Priapus, dem Gott der Zeugungskraft. Ausserdem aber besteht auch noch eine Verbindung zum Mond-Prinzip: Für die Ägypter war die Gans die Gebärerin des «Welteneis» und den Etruskern Begleiterin der Geburtsgöttin Thalma. Die beiden Schwestern der schönen Jungfrau leben jedoch auch weiterhin noch in ihrer Tiergestalt. Damit ist auch die (innere und äussere) Venuswelt des Helden noch nicht ganz befreit. Die Zahl Drei verweist hier auf das Ganzheitsprinzip. Eine Heirat ist erst möglich, wenn alle drei Schwestern erlöst werden. Dazu ist es nötig, Zugang zum Glasberg zu bekommen. [10] Mit Hilfe der Zwerge, die auch einen männlich-intelligenten Umgang mit einer starken Mutterwelt verkörpern, gelingt es dem Jungen, in den Glasberg einzudringen. Mit der Wunderflinte erlöst er dann anschliessend seine letzten positiven weiblichen Seiten (zwei Schwestern), die bisher vom dominanten Mond/Krebs-Prinzip in Form eines Untiers gefangengehalten wurden. Der Tod des Untiers markiert den totalen Triumph über die negativen Seiten des Mütterlichen in der Psyche des Helden. [11]

Wegweiser zu dieser gelungenen Ablösung war niemand anders als die (positive!) Mutterimago selbst. Die blaue Blume gibt sich als die Seele der Mutter zu erkennen, die jetzt nach der erkämpften Autonomie des Sohnes nicht mehr gebraucht wird. Symbolisch ist hier eine tiefe Wahrheit versteckt: Wenn wir mit einem Menschen ein Beziehungsproblem haben, dann kann uns gerade die Erinnerung an seine *positiven* Seiten helfen, uns von ihm selbständig zu machen. Hass und blinde Bekämpfung binden uns dagegen um so intensiver an denjenigen, von dem wir uns eigentlich befreien wollten. Gerade deswegen bat die blaue Blume immer dann darum, in der Tasche versteckt zu werden, wenn dem Helden eine Auseinandersetzung mit der negativen Mutterseite bevorstand (Urme, Kröte). Die positive Erinnerung muss unbedingt geschützt werden – ohne sie ist eine endgültige Ablösung nicht möglich!

Dieses letzte in der vorliegenden Serie interpretierte Märchen zeigt sehr deutlich, dass neben einem astrologischen Hauptthema (Mond/Krebs) auch Nebenthemen (hier unter anderen Mars, Saturn und Venus) ihre berechtigte Funktion im Gesamtzusammenhang haben.

KAPITEL III

Astrologische Traumdeutung

I. EINFÜHRUNG

Im Gegensatz zur Antike bemühen sich heute nur wenige Astrologen um eine Verknüpfung von Traumdeutung und Geburtshoroskop. Die teilweise spektakulären Prognoseerfolge römischer und griechischer Astrologen[1] sind nicht etwa darauf zurückzuführen, dass sie bessere Astrologen gewesen sind, sondern auf ihren «Abstieg» ins kollektive Unbewusste; auf dieser Ebene ist die Grenze zwischen Vergangenheit, Gegenwart und Zukunft aufgehoben.

Aus der Perspektive des 20. Jahrhunderts gleicht die Tätigkeit von Astrologen nicht selten der von «Magiern» und manchmal sogar jener von «Schamanen». In der Praxis stand die Bezeichnung «Astrologe» für mehr als nur den Umgang mit Ephemeriden (historisch schon für die Zeit vor Christi Geburt nachgewiesen!). Um das Gesagte zu untermauern, sei Wilhelm Gundel zitiert; er ist einer der Väter der wissenschaftlich-historischen Astrologieforschung; ihm zufolge war es ein Merkmal antiker Astrologen ...

... dass sie IM TRAUM ihr eigenes oder ein anderes Sternschicksal plastisch erschauten; sie sehen den Sternengott, der ihr oder anderer Verhängnis wird, ja eine ganze Geburtskonstellation steht im Traum vor ihnen. So sieht der Kaiser JULIANUS APOSTATA (gestorben 363 n. Chr.) im Traum die Todeskonstellation des Kaisers Konstantin; er muss sterben, wenn Jupiter im Wassermann und Saturn im 25. Grad der Jungfrau steht. Dazu kommen die verschiedenen

Formen der magischen Zukunftsforschung, die durch verschiedene Hilfsmittel, durch ein astrologisches Würfelbrett, durch ein Plane-tarium, durch Schädelmantik und durch Becherprophezeiung die Sterngötter zur Enthüllung des Schicksals zwingen.[2] [Hervorhe-bung durch W. Gundel.]

Für die Persönlichkeitsentwicklung solcher «Astromagier» war der Abstieg ins Unbewusste allerdings nicht immer ungefährlich. Während jene antiken Astrologen nicht selten (in psychischer Hinsicht) Opfer ihrer Praktiken wurden, können wir heute mit dem Hilfsmittel der Tiefenpsychologie Licht in die Beziehungen zwischen Traum und Horoskop bringen.

Wenn in der Antike häufig die Ansicht anzutreffen war, die Träume seien von Göttern oder Dämonen verursacht, so ist diese Meinung auf den zweiten Blick gar nicht so unrichtig: Die «Göt-ter» entsprechen tiefenpsychologisch dem Selbst (vgl. *KAPITEL I*) – jener ganzheitlich ausgerichteten Instanz im Menschen. Die Dä-monen dagegen stellen unseren Schatten dar, das heisst unsere negativen Seiten.

Mit dem Bewusstsein können wir im Traum auftauchende Schattenfiguren analysieren und zu verstehen suchen und müssen nicht länger «böse» Wesenheiten in ihnen erkennen. Allerdings tun wir der Antike unrecht, wenn wir ihr pauschal ein primitives Traumverständnis unterstellen. Aristoteles beispielsweise hatte gleich zu Beginn seiner Schrift über den Schlaf und das Wachen darauf bestanden, dass die Untersuchung des Traumes von der des Schlafes nicht getrennt werden dürfe.[3]

So ist heute mittlerweile bekannt, dass körperliche Empfin-dungen im Traum verarbeitet werden. Ein eingeschlafener Arm kann sich beispielsweise im Traum im Bild einer Erfrierung wi-derspiegeln. Trotzdem darf man hier im Verständnis des Traumes nicht stehenbleiben; *zusätzlich* nämlich wird das Bild der Erfrie-rung so mit den anderen Elementen des Traumes kombiniert, dass am Ende eine sinnvolle psychologische Deutung möglich wird.

Auch wenn wir den psychologischen Hintergrund im folgenden Fall nicht kennen, so kann er uns doch anschaulich über die mitunter geheimnisvolle Verknüpfung von Innen- und Aussenwelt unterrichten: So berichtet der dänische Forscher Alfred Lehmann von einem Patienten, der krank im Bett lag und schlief, während seine Mutter an der Bettkante sass. Plötzlich löste sich über dem Bett eine Stange und traf den Mann im Nacken. Parallel dazu träumte der Patient, dass er im Frankreich der Französischen Revolution lebe. Nach längeren Erlebnissen wurde er schliesslich vor das berühmt-berüchtigte Revolutionstribunal gestellt, wo er mit Robespierre, Marat und anderen diskutierte und schliesslich zum Tode verurteilt wurde. Der Armesünderkarren geleitete ihn durch eine grosse Menschenmenge zum Revolutionsplatz, wo er das Schafott bestieg und die Vorbereitungen zu seiner Hinrichtung erlebte. In genau jenem Augenblick, als sich die Stange löste und auf seinen Nacken fiel, träumte er, wie der Kopf von seinem Rumpf abgetrennt wurde. Er erwachte in höchster Panik ... [4]

Das Thema, das uns auf den folgenden Seiten beschäftigen soll, ist allerdings nicht die Beziehung zwischen Körperempfinden und Traum, sondern die (astrologische) Deutung der im Traum vorkommenden Symbole. In der Antike zog man zur Deutung häufig Traumbücher heran; eines der bekanntesten stammte von Artemidor. Dort kann man beispielsweise lesen, dass ein singender Schwan *immer* den Tod bedeute und abfallende Finger auf zukünftigen Schaden hindeuten. Solche primitiven Deutungen finden sich auch in heutigen populären Traumbüchern. So lesen wir beispielsweise im *Traumlexikon* von Hanns Kurth unter den Stichwörtern «Jäger» und «Johannisbeeren»: *... einen Jäger sehen oder sprechen: man wird leichtsinnig sein*, und: *Johannisbeeren am Busch sehen: man wird mit offenherzigen Menschen zu tun*

tun haben. [5] Mit einem echten Verständnis von Träumen haben diese Rezeptdeutungen eines «modernen» Autors genausowenig zu tun wie jene aus der Antike. Manchmal lässt sich hier auch belegen, dass einfach von einem antiken Autor abgeschrieben wurde ...

Ähnlich wie in der Psychoanalyse existierte in der Antike jedoch auch schon ein Verfahren, nach dem die Symbole in direkten Bezug zum Leben des Träumers gesetzt werden mussten. So bedeutete beispielsweise ein Traum von einer Ziege für einen Ziegenhirten etwas völlig anderes als für einen Städter.

Revolutionären Charakter für die Trauminterpretation hat die von der Tiefenpsychologie eingeführte Assoziation, oft auch «Realeinfall» oder «Spontaneinfall» bezeichnet. Der Klient wird bei dieser Methode dazu aufgefordert, *spontan* alles, was ihm zu einem Bild im Traum einfällt, zu sagen. Für die Deutung des Traumes sind die Einfälle als *gleichwertiges* Material zu behandeln, da diese ebenfalls aus dem Unbewussten kommen (wenn dies auch nicht für alle gilt). Wie die noch folgenden Traumbeispiele zeigen werden, sind es gerade oft die «irrationalen» Einfälle, die den Schlüssel zur Deutung bilden. Auf alle Fälle dürfen wir davon ausgehen, dass es kein Zufall ist, welches Symbol in einem Traum verwendet wird. Bei der Trauminterpretation können wir die Assoziationsmethode – salopp gesprochen – als «Rückweg zu den Quellen des Traumes» ansehen. Im Unterschied zu den oben besprochenen schematischen Interpretationen lassen sich mit Hilfe der Realeinfälle die *individuellen* Bedeutungen und Hintergründe eines Symbols ans Tageslicht holen. Nehmen wir einmal an, zwei Menschen träumen von einem Bernhardiner. Während der eine mit diesem Tier positive Erlebnisse assoziiert, weiss der andere vielleicht nur Negatives zu berichten. Berücksichtigt man dabei dann noch die unterschiedlichen aktuellen Lebensbezüge der Träumer – so wird die Deutung auf keinen Fall eine identische sein können.

Wie wir in *KAPITEL I* gesehen haben, besitzen viele Symbole eine kollektive Bedeutung. Wer beispielsweise von einem Abstieg in eine Höhle träumt, in der er zudem noch einer Reihe von Kröten begegnet, hat den Mutter-Archetypus bzw. das Mond-Prinzip erfahren (die Kröte ist traditionell ein Mondtier – sie «wohnt» dort sogar). Je archaischer Träume sind, desto intensiver muss man die archetypischen Bedeutungen der Symbole berücksichtigen. Bei solchen Träumen befindet man sich auf einer tieferen Schicht des Unbewussten als bei sogenannten «normalen Träumen», in denen wir beispielsweise (scheinbar) nur Alltagsszenen erleben. Im letzteren Fall fand der Traum auf der Stufe des kollektiven Unbewussten statt; den überwiegenden Teil der Träume erleben wir auf dieser Ebene.

Als Beispiel für einen archaischen bzw. archetypischen Traum sei schon jetzt auf Arnolds «Janus-Traum» (Traum XI) hingewiesen. Wie wir sehen werden, haben archaische Bilder jedoch nicht nur einen kollektiven, sondern auch einen persönlichen Erlebnishintergrund.

Bevor wir detaillierter auf die astrologischen Bezüge der Träume eingehen, wollen wir noch kurz einen Blick auf innere Entwicklungsgesetze werfen. Nach Jungs Ansicht kann man sich von der Kindheit nicht befreien, wenn man sich nicht ausgiebig mit ihr beschäftigt. Allerdings darf man es dabei mit einem bloss intellektuellen Wissen nicht bewenden lassen; wirksam ist nur eine Wiedererinnerung, die zugleich auch ein Wiedererleben ist. Eindrucksvoll werden wir am Beispiel von Arnold sehen, dass dieses Wiedererleben sich auch buchstäblich vollziehen kann. Genau das, womit sich Arnold in der inneren Auseinandersetzung mit seinen Eltern im Traum beschäftigte, wiederholte sich im Realen. Solche «Wiederholungen» von Kindheitssituationen bieten grosse Befreiungschancen.

Kehrt man als Erwachsener zu seinen «Kindheitsresten» zurück, so kann man erleben, wie sie einen umklammern und mit dem Gefühl der früheren Jahre durchströmen. Wie Jung betont, sind diese «Reste» intensiv mit Energie aufgeladen und wirken deswegen sehr stark und unmittelbar, weswegen wir uns bewusst und kritisch mit ihnen auseinandersetzen müssen:

Nur wenn sie [die Kindheitsreste] *mit dem erwachsenen Bewusstsein wieder verbunden werden, können sie ihren infantilen Aspekt verlieren und korrigiert werden. Dieses «persönliche Unbewusste» muss immer zuerst erledigt werden, das heisst bewusst gemacht werden, sonst kann der Eingang zum kollektiven Unbewussten nicht* [sinnvoll] *eröffnet werden.* [6)] [Die Zusätze in eckigen Klammern stammen vom Autor.]

Wenn man sich Serien von Träumen näher anschaut, wird man die rhythmische Wiederkehr gewisser Symbole und Themen feststellen können. Eugen Drewermann bemerkt hierzu: *Eine genauere Betrachtung lehrt nun, dass die Bilderfolgen nicht beliebig angeordnet sind, sondern* SPIRALENFÖRMIG *um einen spezifischen Problemkern kreisen und in variierenden Symbolen auf einer jeweils neuen Stufe denselben psychischen Gegensatz bzw. Konfliktfall zu artikulieren suchen.* [7)] [Hervorhebung durch Drewermann.] Gestützt auf Jung, formuliert Drewermann an dieser Stelle das *Gesetz der Wiederholung des Gleichen auf den unterschiedlichen Stufen der inneren Entwicklung.* [8)]

Das Prinzip der Wiederholung kann sich allerdings auch buchstäblich erfüllen. Manche Menschen träumen Hunderte von Malen dasselbe – wenn auch nicht hintereinander, sondern in gewissen Abständen und über Jahre oder Jahrzehnte verteilt (siehe Traum II von Arnold). Da wir modernen Menschen normalerweise kaum Interesse für unser Unbewusstes aufbringen, werden manche Traumbilder ihrer grossen Bedeutung wegen häufig wiederholt. Je häufiger ein Traum erscheint, desto grösser ist die Chance, dass wir uns über ihn wundern und beginnen, uns mit ihm näher auseinanderzusetzen.

73

Eine andere Art von Wiederholungen im Traumgeschehen nenne ich gerne «Evergreens»: Dies sind Träume, die zwar nicht identisch (oder sehr ähnlich) sind, in denen wir jedoch mit häufig sich wiederholenden Motiven konfrontiert werden. Da die Lösung unserer psychischen Probleme nicht von einem Tag auf den andern geschieht, sind solche Wiederholungen in Träumen gut nachvollziehbar: Sie sind ein Abbild unseres psychischen Prozesses. Je nach den aktuellen Lebensumständen, werden häufig vorkommende Traummotive in immer wieder abgewandelten Zusammenhängen und Bildabfolgen erscheinen. All dies macht deutlich, dass Wiederholungen äusserst wichtig sind. Wie wir an Hand der Traumbeispiele sehen werden, wird ein «Evergreen» je nach den aktuellen Transiten in der betreffenden Nacht abgeändert erscheinen. Was die Deutung von Traumfiguren betrifft, ist ferner die Unterscheidung in die Subjekt- und die Objektstufe wichtig: sie verkörpern entweder einen Charakterteil des Träumers oder die Traumfigur steht für sich selber und stellt somit eine reale Person dar. Allerdings kann eine Traumfigur auch gleichzeitig eine innere *und* eine äussere Spiegelung darstellen. Nur die Frage nach dem Gesamtzusammenhang kann uns einen eindeutigen Aufschluss geben.

Allgemein betrachtet, kann man die praxisorientierte Zuordnung der Träume zur Astrologie auf zwei Arten vornehmen: Zum einen lässt sich der Traum mit den Konstellationen des Radixhoroskops verbinden – diese Methode bietet sich immer dann an, wenn ein Traum als besonders wichtig erscheint, wie beispielsweise bei Wiederholungsträumen (vgl. Traum II von Arnold). Zum anderen jedoch spiegeln die meisten Träume die momentanen Aspekte der laufenden Planeten zu den Faktoren des Geburtshoroskops wider. Bei den hier gebrachten Traumbeispielen werden wir immer auch die Transitlage berücksichtigen.

Bei der Interpretation der Transite haben die Aspekte der Langsamläufer (Jupiter, Saturn, Uranus, Neptun und Pluto) die grösste Bedeutung. Wegen der Dauer ihrer Aspekte zum Radix-horoskop färben sie über einen *längeren Zeitraum* hinweg eine grosse Zahl von Träumen – allerdings nicht ausnahmslos alle Träume einer Periode. Wie ich an vielen Beispielen zeigen werde, konstelliert sich ein langandauernder Transit immer dann besonders plastisch, wenn ein *gleichsinniger* Kurzzeittransit hinzukommt. Nehmen wir als Beispiel eine Opposition des laufenden Saturn zum Radix-Mars. Dieses Thema werden wir in den Träumen gerade dann gut erkennen können, wenn der laufende Mars über den Radix-Saturn oder über dessen Oppositionspunkt läuft. Solche Verstärkungen lassen sich jedoch auch in einem weiter gesteckten Rahmen feststellen: Als Beispiel wollen wir uns den Übergang des laufenden Neptun über die Radix-Sonne vorstellen. In einer Nacht, in der viele Planeten Kurzzeitaspekte auf den *Radix*-Neptun werfen, wird das Neptun-Thema mit grosser Wahrscheinlichkeit im Traumleben auf den Plan treten. In welchen Gewändern uns dieser Meeresgott begegnen kann, werden wir später noch sehen.

Was die *Art* der Aspekte angeht, so erhält man die grösste Übereinstimmung zwischen Traumbildern und Transiten bei der Berücksichtigung von Konjunktionen (durch laufende Planeten) über die Radix-Planeten und über AC, MC, DC und IC und nicht selten auch über die anderen Häuserspitzen. Die zweitbesten Ergebnisse bringen die Oppositionen der laufenden Planeten zu den Radix-Planeten, vor allem zu den persönlichen. Sextile, Quadrate und Trigone sind meist nur dann aussagekräftig, wenn sie von den Langsamläufern gebildet werden. Quadrate, Trigone und Sextile von Schnelläufern sind nur in Ausnahmefällen im Traumgeschehen wiederzuerkennen – vor allem haben sie eine Funktion bei den oben erwähnten «Verstärkungen». Den *Orbis* kann man so wählen, wie dies in der Transitdeutung allgemein üblich ist: 1–2°. Bei Transiten von Langsamläufern jedoch darf der Orbis auch einmal grösser sein, bei Übergängen von Schnelläufern sollte er eher kleiner gewählt werden. Neben den aktuellen Aspekten zu den Radix-Planeten sind auch noch die Durchgänge durch die zwölf Felder oder Häuser bedeutsam, besonders die von den Langsamläufern. Doch auch Ballungen von Schnellläufern in einem Radix-Haus können sich in den Träumen widerspiegeln.

Jeder, der sich *kritisch* mit der Astrologie beschäftigt, weiss, dass sich viele Transite im realen Leben nicht widerspiegeln. So erinnere ich mich beispielsweise an eine Klientin, die trotz einer «angegriffenen» Uranus-Stellung im Radixhoroskop den Übergang des laufenden Uranus über ihre Geburtssonne in keinerlei Weise erlebte. Die Wahrscheinlichkeit, einen nicht gelebten Transit «wenigstens» über die Traumanalyse aufzuspüren, ist jedoch sehr gross. Wenn man die unbewusste Seite eines Transites erst einmal gefunden hat, wird man das astrologische Thema auch in der Alltagswirklichkeit sensibler aufspüren können (zum Zeitpunkt des obigen Beispiels hatte ich mich leider noch nicht mit Träumen beschäftigt). Allerdings kommt es auch sehr häufig vor, dass selbst dann eine reale Entsprechung nicht gefunden werden kann. Als Beispiel für das Gesagte sei Traum IX von Arnold erwähnt, in dem es zu einer erotischen Begegnung kommt. Zum Zeitpunkt des Traumes lief die Venus über den Radix-Jupiter! In Arnolds Leben allerdings gab es (leider) keine Entsprechung; er bekam auch weder ein schönes Geschenk noch wurde er kreativ (beispielsweise Malen) oder lebte Venus/Jupiter auf eine andere denkbare Weise.

Der Appell dieses Kapitels besteht zusammengefasst darin, in Träumen nicht nur «Schäume» zu sehen: Wenn wir die psychischen Abläufe von uns oder von anderen Menschen möglichst vollständig nachvollziehen wollen, sollten das Geburtshoroskop und auch die Transite auf das Traumgeschehen bezogen werden. Dort finden sich viele wertvolle Hinweise, die man allein durch die Auseinandersetzung mit der sogenannten Wirklichkeit nicht erhält.

II. FALLBEISPIEL ARNOLD

Arnold ist ein junger Mann Anfang Dreissig. Er besitzt einen Universitätsabschluss, hat eine intellektuelle Ausstrahlung und besitzt eine kleine Druckerei. Den Weg zu mir wies ihm ein chronisches Magengeschwür. Weder eine schulmedizinische Behandlung noch eine längere (freudianische) Psychoanalyse haben ihm bisher helfen können.

Das Horoskop deutet den schwachen Magen in der Mond/ Neptun-Konjunktion an, die gleichzeitig in Opposition zur Sonne und im Quadrat zu Uranus steht. Meiner Erfahrung nach können Mond/Uranus, aber vor allem auch Mond/Mars-Aspekte eine Störung in der Regulation des Magensaftes andeuten. Bei Arnold besteht ein recht genaues Trigon zwischen Mond und Mars. So wie Quadrate und Oppositionen auch positive Seiten aufweisen

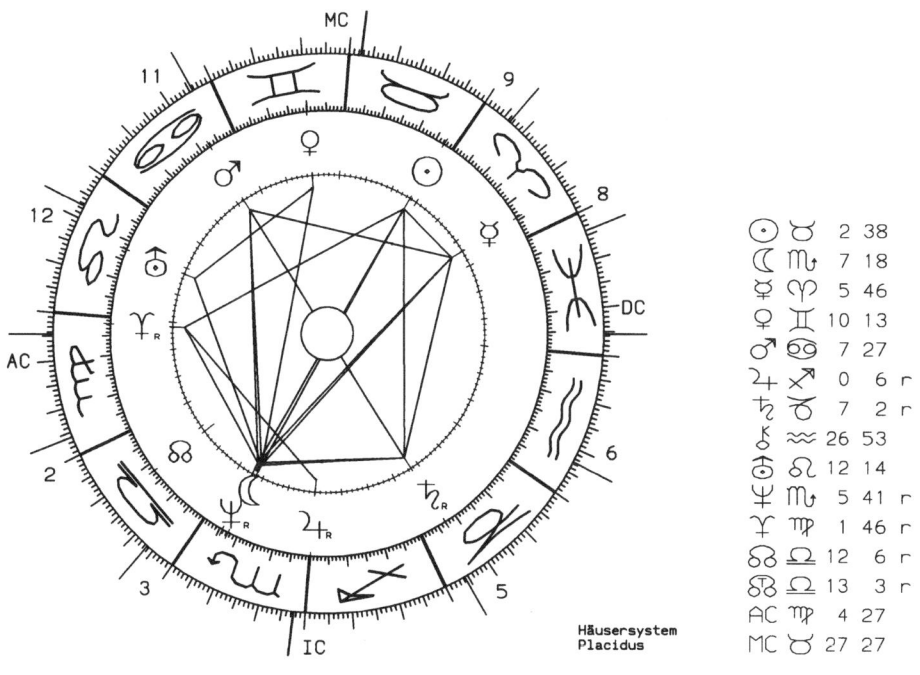

Häusersystem
Placidus

ARNOLD (*Radixhoroskop*)

77

können, so sind Sextile und Trigone manchmal problematisch; dies ist immer dann der Fall, wenn die Aspektpartner von ihrer Symbolik her sehr konträr zueinander sind. Bei Mond und Mars trifft dies zweifellos zu. Des weiteren fällt im Horoskop der Stand des Mars im klassischen Magenzeichen Krebs auf. Sowohl die genaue Opposition von Saturn als auch das Quadrat von Merkur sind auf den Krebs-Mars bezogen, so dass sich ein T-Quadrat bildet. Wie die Gespräche mit Arnold zeigen werden, ist eine Heilung des Magens ohne eine Aufarbeitung der Kindheitsprobleme und besonders der Konflikte mit der Mutter nicht möglich. In der astrologischen Perspektive entspricht dies der Mond- und Krebs-Thematik.

Biographisch von grosser Wichtigkeit ist der Umstand, dass Arnold ein uneheliches Kind ist. Eine in psychischer Hinsicht «aufgelöste», unsichere Kindheitssituation zeigt die Mond/Neptun-Konjunktion. Die Mutter hatte ein allseits verheimlichtes Verhältnis mit einem verheirateten Mann, aus dem Arnold hervorging. Während der Kindheit sah Arnold den Vater nur unregelmässig. Von der Mutter musste sich Arnold immer anhören, was für ein negativer Mensch der Vater sei. Die Hassliebe zwischen Vater und Mutter ist im Horoskop zwar nicht direkt ersichtlich, doch ist sie durch den Vollmond (Sonne Opposition Mond) angedeutet. Welche Auswirkungen diese Situation auf das Kind hatte, lässt uns der Stand Plutos am Aszendenten vermuten: Arnold konnte kein beständiges Selbstbild entwickeln, sondern war gezwungen, sich je nach Bedürfnis «psychische Masken» aufzusetzen. Mit Pluto am Aszendenten wird man unsanft gezwungen, sein momentanes Ich-Bild immer neu in Frage zu stellen: die permanente Metamorphose ist hier die Lebensaufgabe. Weitere wichtige Konstellationen des Horoskops werden wir am Beispiel einzelner Traumanalysen noch besprechen.

Im ersten Traum (Traum I) ist Arnold eine Traumdeutungssitzung mit mir letztlich wichtiger als eine Magenspiegelung beim

Hausarzt. Ein solcher Anfangstraum, meist «Initialtraum» genannt, stimmt natürlich sehr optimistisch.[9] Traum II wurde von Arnold zirka zweihundert Mal in mehreren Jahren geträumt – ein wahrer Dauerbrenner. Häufige Wiederholungen machen deutlich, für wie wichtig das Unbewusste die im Traumgeschehen enthaltenen Informationen hält. Das Leitmotiv in diesem «Evergreen» ist die Notwendigkeit, noch einmal das Abitur zu machen. Wie schon früher gesagt, lassen sich Wiederholungsträume oft durch einen Blick auf das Radixhoroskop nachvollziehen: Die Sonne im neunten Haus verweist auf das Lernen in bezug auf den Sinn des Lebens, während die in Opposition zur Sonne stehenden Planeten im dritten Haus auf das rein «schulische» bzw. Alltagslernen verweist. Zu «Abitur» hatte Arnold die Assoziation «matura», welches Lebensreife bedeutet (neuntes Haus) – auf diesem «Gebiet» muss Arnold anscheinend noch eine Prüfung ablegen.

Während am Himmel eine Mars/Pluto-Opposition stand, wurde Arnold mit seinem «Schatten», das heisst mit seinen bislang noch unbewussten negativen Charakteranteilen konfrontiert. Mars lief zum Zeitpunkt von Traum III auf das MC und Pluto auf das IC zu. Der Gott Pluto (römisch) bzw. Hades (griechische Variante) war der Gott der Unterwelt – Plutoträume machen uns mit dem Verdrängten und mit Tabus bekannt. Da sich Pluto eine längere Zeit in IC-Nähe von Arnolds Horoskop aufhielt, ist diese Phase gut geeignet, um Licht in seine dunkle Kindheit und die dadurch bedingten psychischen Haltungen zu bringen.

In Traum III begegnet Arnold seinem Schatten in Gestalt eines Landstreichers. Wie die Traumbilder und Arnolds Spontaneinfälle ergeben, ist das Verdauungsproblem eng mit einem unbändigen Hass auf die Mutter verbunden. Die Mutter gehörte zum Typus der «overprotective mother», was in ihm als Kind (unbewusst) eine extreme Abwehrreaktion hervorrief. Aus der astrologischen Perspektive ist die Nähe von Mutter, Gefühlsbereich und Verdauungsorgane allgemein bekannt – im Radixhoroskop

79

spielt der Mond im Aspektgeschehen eine überragende Rolle: Mond/Neptun-Konjunktion, Mond/Uranus-Quadrat, Mond/Sonne-Opposition, Mond/Saturn-Sextil und Mond/Mars-Trigon.

Der verkrampfte Umgang mit der Nahrung besteht bei Arnold unter anderem in einem extrem langen Einspeicheln: Die schon längst flüssig gekaute Nahrung wird geräuschvoll (minutenlang!) zwischen den Wangen hin- und hergeschüttelt. Jeder Beobachter bzw. Zuhörer ist von dieser Form des «Essens» peinlich berührt ...

Astrologisch betrachtet, steht der Planet des Zwanghaften, Pluto, in Konjunktion mit dem Aszendenten. Auch das genaue Mond/Saturn-Sextil verstärkt – obwohl es sich um einen sogenannten harmonischen Aspekt handelt – diese Anlage. All dies muss gesehen werden vor dem Hintergrund eines Horoskops, in dem sowohl der Mond als auch das Tierkreiszeichen Krebs stark «verletzt» sind.

Traum IV handelt wieder von der Schule bzw. dem Abitur. Die Traumbilder und Arnolds Spontaneinfälle weisen darauf hin, dass Arnold noch eine sehr «schülerhafte» Vorstellung von Sexualität hat. – Sein Begriff vom Koitus wurde von den Traumbildern als ein mechanisches «Rein-und-Raus» dargestellt. Die Transite zu dem Traum lauteten: Mars Konjunktion Venus (Radix) und Venus Konjunktion Aszendent.

Der nächste Traum konfrontiert uns mit dem Archetyp des Väterlichen und des alten Weisen. Sowohl dieser als auch die vorangegangenen Träume fanden statt unter dem Durchgang des transitierenden Jupiters durch das erste Haus (Radix). Dieser Transit kann eine Erweiterung des Selbstbildes bewirken. Zusätzlich aktiviert wird nun zur Zeit von Traum V das im Radixhoroskop existierende Quadrat von Pluto und Jupiter: Die laufende Sonne stand unmittelbar vor Pluto. Erfahrungsgemäss bedeutet Pluto/Jupiter, dass man sich mit viel Elan, aber oft auch in zwanghafter Weise auf Ziele festlegt. Die Sonne löst nun nicht nur dieses Thema aus, sondern in der Konjunktion mit Pluto wird auch die Unterwelt von Hades (Schattenbereich) wieder ins Spiel gebracht. Enthüllt werden uns die dämonischen Seiten des Väterlichen.

TRAUM V

Ich blicke aus dem Fenster unserer früheren Wohnung (Kindheit) in Münster. Auf einer Art viereckigem Klotz steht riesengross Papst Johannes Paul II. in geistlichem Gewand. Ich sehe ihn von hinten. Ich erlebe die Gestalt als eine Art monumentales Standbild, ähnlich denen römischer Kaiser. Zu den Füssen der Papstgestalt entfaltet sich reichhaltiges Leben: viele Menschen, Autos, Bewegung überall. Ich weiss: Wenn die Papstgestalt mit einem Fuss von ihrem «Podest» heruntersteigt und die Strasse berührt, wird die Ordnung durcheinandergeraten; die Ströme von Menschen und Autos werden chaotisch durcheinanderwirbeln, es wird zu einer Katastrophe kommen. Als ich dies gerade denke, blickt die Gestalt zurück, das heisst zu mir hin: Sie hebt den linken Fuss vom Klotz herab, aber noch hat sie ihn nicht auf der Strasse abgestellt. Sofort gerät die Ordnung durcheinander. Die Gestalt stellt den Fuss zurück auf den Klotz. Ich empfinde diese Geste als eine Drohung, um anzuzeigen, was geschehen würde, wenn der Fuss tatsächlich auf der Strasse abgesetzt werden würde.

ARNOLDS ASSOZIATIONEN

BLICK AUS DEM FENSTER: «Was ich aus dem Fenster des Kinderzimmers sehen konnte, war für mich die ‹Welt›. Als Kind habe ich oft geträumt, dass die Welt durch einen Atomkrieg zerstört wird.»

JOHANNES PAUL II: «Vater, Gottvater. Als Jugendlicher war ich katholischer Messdiener. Der Papst stellt etwas Väterliches dar. Nachdem vor kurzem die kränkliche Ehefrau meines Vaters gestorben ist, versucht der Vater, sich wieder der Mutter anzunähern. Durch die Skepsis meiner Mutter bricht jedoch der alte Graben zwischen den Eltern wieder auf. Dies kann ich nur als meinen «Urschmerz» bezeichnen. Weiter fällt mir noch ein, dass Vater mir sein grosses Mehrfamilienhaus in der Innenstadt von Münster vererben will. Ich frage mich, ob ich ihn jetzt nur wegen des Hauses liebe. Eigentlich liebe ich ihn schon. Trotzdem verhinderte in meiner Kindheit der abwesende Vater die Ausbildung meiner Männlichkeit. Ich fühle deutlich, dass ich heute gerne die vermisste Vaterliebe von früher nachholen würde. Mein Vater drängt mich, ich solle in sein Haus ziehen. Ich überlege mir, ob ich das mache.»

JOHANNES PAUL II. «VON HINTEN»: «Genau wie mein Vater! Der hat mir auch immer nur (bildlich) den Rücken gezeigt.»

PODEST: «Als Kind habe ich meinen Vater vergöttert – vermutlich weil ich ihn so selten gesehen habe.»

STRASSENCHAOS: «So ist das Leben in der Realität.»

Arnolds Assoziationen zeigen sehr schnell, dass im Mittelpunkt des Traumes das Vaterbild steht. Der Sonne/Pluto-Transit lässt hier unbequeme Wahrheiten in bezug auf dieses Thema ans Licht treten. Plutonisch ist schon Arnolds erster Einfall: Er hat als Kind oft vom Atomkrieg geträumt. Wie eng der Planet Pluto in seiner Symbolik mit der Welt des Atomaren verbunden ist, habe ich in *Bildersprache Astrologie* im Kapitel «Pluto» zu zeigen versucht. Wenn Kinder oft solche Katastrophenträume haben, weist dies auf eine stark gestörte soziale Umgebung hin.

Johannes Paul II. tritt im Traum als eine zwiespältige und überhöhte (buchstäblich) Vaterfigur auf. Im Vergleich mit den römischen Kaisern kommt die grosse Macht dieses inneren Vaterbildes zum Tragen. Indem das Unbewusste den Vater mit einer religiösen Figur in Zusammenhang bringt, verdeutlicht es, wie dieser vom Kind «vergöttert» wurde. Doch der Traum zeigt auch deutlich, dass das Vaterbild nicht angstfrei ist. Aus astrologischer

Sicht werden die religiös gefärbten Traumbilder aus dem durch die transitierende Sonne aktivierten Jupiter/Pluto-Quadrat verständlich. Für Arnold stand der Vater immer hoch oben auf einem «Podest»; er war menschlich nicht greifbar, sondern weit entrückt, immer abwesend. In der Bildsprache des Unbewussten wird ein «Herunterholen vom Podest» mit einer drohenden Katastrophe verglichen. Als Kind brauchte Arnold dieses Idealbild von einem Vater und glaubte in seinem Herzen den negativen Bemerkungen der Mutter über den Vater nicht. Jetzt als Erwachsener müsste Arnold den Vater eigentlich vom Podest herunterholen und erkennen, dass dieser auch nur ein Mensch wie jeder andere ist – ein Mensch mit guten wie auch mit schlechten Seiten. Vor dieser Enthüllung hat Arnold jedoch grosse Angst (Angst vor dem Chaos).

In den Spontaneinfällen des Klienten werden bislang gut versteckte Aggressionen auf den Vater sichtbar: *Der hat mir auch immer nur den Rücken zugekehrt (...) Der abwesende Vater verhinderte die Ausbildung meiner Männlichkeit.*

Der Sonne/Pluto-Transit gibt dem Träumer nun die Chance, sich diese Wut noch bewusster zu machen. Auch das im Traum vorkommende Wort «Drohung» zeigt, wie gefährlich dieses noch nicht entschärfte Problem ist. Insbesondere die Hervorhebung des *linken* Fusses des Papstes macht diesen Umstand deutlich. In der Tiefenpsychologie ist Links die Seite des Unbewussten: Die Problematik des Vaterbildes ist demnach noch nicht ganz ins Bewusstsein gerückt. Doch die Besprechung des Traumes trägt schon zur Integration bei.

Andererseits ist da ebenfalls das Gefühl, versäumte Vaterliebe nachholen zu müssen. Der Gedanke, in das Haus des Vaters zu ziehen, ist allerdings regressiv. Die Mond/Neptun-Konjunktion im ersten Quadranten und der Stand von Sonne und Merkur im dritten Quadranten des Du begünstigen solche Regressionen. Nachdem sich Arnold einige Tage ernsthaft mit der Umzugsfrage beschäftigt hat, erkennt er jedoch von selbst, dass ein solcher Schritt eine Flucht vor seinen Problemen bedeuten würde.

Traum VI fand statt, als die laufende Sonne zwischen Radix-Aszendent und Radix-Pluto stand und der laufende Jupiter sich im ersten Haus befand. Beide Transite sind auf die Stellung des Ichs bezogen.

TRAUM VI, 1. TEIL

In meiner Zweizimmerwohnung gibt es noch einen dritten Raum, den ich bisher noch nicht entdeckt hatte. Er ist sehr gross, die Fenster sind an der Oberseite der Wände angebracht und nur durch Hebel zu öffnen, die von unten zu den Fenstern hinaufreichen. Der Raum ist ganz in Weiss gehalten. Allerlei Gerümpel ist darin, vor allem viele Bücher. Ich freue mich sehr über die Entdeckung dieses Raumes – ich freue mich auch aufs Aufräumen und die Einrichtung des Raumes nach meinen Vorstellungen.

ARNOLDS ASSOZIATIONEN

ZWEIZIMMERWOHNUNG: «Ich lebe tatsächlich in einer solchen Wohnung.»

DRITTER RAUM: «Es wäre schön, wenn ich einen hätte. Dann könnte ich mich zusätzlich ausbreiten.»

FENSTER: «Der Blick nach draussen auf die Strasse, wo sich das Leben abspielt.»

HEBEL: «Anscheinend muss man sich anstrengen, um die Fenster zu öffnen.»

WEISS: «Farbe der Reinheit.»

GERÜMPEL: «Hindernisse.»

BÜCHER: «Wissen.»

In der Astrologie ist Jupiter das Symbol der Erweiterung. Während Saturn die Verengung des Raumes darstellt, können wir mit Jupiter die Expansion desselben erleben. Jupiter im ersten Haus erweitert hier buchstäblich den «Raum des Ichs»: Arnold entdeckt einen dritten Raum, von dem er bisher nichts wusste. Wie schon erwähnt, sind räumliche Angaben im Traum meist auf Seelisches bezogen. Die Weitung des Raumes entspricht einer möglichen Ausdehnung von Arnolds psychischen Möglichkeiten. Der rein symbolische Hintergrund wird auch dadurch deutlich, dass Arnold in der Realität eine Zweizimmerwohnung gemietet hat und dort mit Sicherheit kein «dritter Raum» mehr entdeckt werden wird ... Eine besondere Bewandtnis hat es mit den Fenstern: Sie sind sehr hoch angebracht, was die Sicht auf die Strasse verhindert; der dritte Raum ist nun zwar entdeckt, doch ist er (noch) etwas benutzerunfreundlich, und überhaupt befindet er sich noch in einem unberührten Zustand (Farbe Weiss). Um diesen Raum bewohnen zu können, müssen wohl erst die Fenster tiefer gesetzt werden, um somit Blickkontakt mit der sozialen Umgebung zu bekommen. Ausserdem muss Gerümpel aufgeräumt werden. Hierzu assoziierte Arnold «Hindernisse». Doch Gerümpel ist normalerweise immer auch sehr alt. Das Aufräumen lässt sich demnach auf das «Ordnen» von problematischen Kindheits- und Jugenderinnerungen beziehen. Die erwähnten Bücher spielen wohl darauf an, dass Arnold sehr intellektuell ist. Sein neuer Raum sollte möglichst keine «Bibliothek» werden ...

Aus astrologischer Sicht ist hier noch erwähnenswert, dass es sich bei Jupiters Transit durchs erste Haus um eine Langzeitkonstellation handelt. Als nun zusätzlich die Sonne auf die Spitze des ersten Hauses (Aszendent) zulief, verstärkte das Unbewusste den Blick auf das Ich und seine zu entdeckenden Möglichkeiten. Da die Sonne zwischen Aszendent und Radix-Pluto steht, dürfen wir auch einen Abstieg in die «Dunkelwelt» erwarten:

TRAUM VI, 2. TEIL

Aus irgendeinem Grund gehe ich von meiner Wohnung in den Keller, um zu essen. Umständlich trage ich alles hinunter: Tisch, Stuhl,

Essen, Geschirr, Besteck. Ich sitze am unteren Ende der Treppe, die zum Kellerraum führt. Der eigentliche Keller befindet sich hinter meinem Rücken. Ich fühle mich sehr unwohl und würde lieber oben in der Wohnung, vielleicht sogar im «neuen Raum», essen. Doch irgendein Zwang verurteilt mich zum Essen am Fuss der Kellertreppe. Ich habe das Gefühl, meine Krankheit IST, dass ich an diesem ungastlichen Ort essen muss. [Die Hervorhebung des Wortes «ist» stammt von Arnold.]

ARNOLDS ASSOZIATIONEN

KELLERTREPPE: «Sie ist ein bedrohlicher Bereich, vielleicht die Vergangenheit. Zum Thema Keller fällt mir ein schlimmes Kindheitserlebnis ein: Meine Mutter und meine Oma drohten mir des öfteren, mein Bett in den Keller zu stellen, wenn ich nicht brav bin. Da ich das als Kind natürlich geglaubt habe, löste diese Drohung in mir fürchterliche Ängste aus. Überhaupt hatte ich als Kind Furcht vor der Dunkelheit und musste deshalb bei angeknipstem Lichtschalter schlafen. Eine andere Strafe meiner Mutter war das Hungern, beispielsweise dann, wenn ich eine Schachtel Pralinen auf einmal gegessen hatte.»

ZWANG: «Ich bin manchmal zwanghaft.»

Anschaulich zeigt der Traum, dass das Essen ein Vorgang ist, der bei Arnold im tiefsten Unbewussten stattfindet. Der zwanghafte Umgang mit dem Essen (im Radixhoroskop: Pluto am AC und dominante Saturnstellung) wird sogar wörtlich so genannt («irgendein Zwang verurteilt mich ...»). Zum Zeitpunkt des Traumes bestand nicht nur die Halbsumme Sonne^{tr} = Aszendent/Pluto, sondern Pluto lief nach wie vor auf das IC zu (Langzeittransit!). Wie wir gesehen haben, hat die auf den Aszendenten zulaufende Sonne den Jupiter-Transit durch das Aszendenthaus (erstes Haus) verstärkt. Auf ähnliche Weise aktiviert die laufende Sonne durch die Nähe zum Radix-Pluto dessen Quadrat zu dem momentan am

IC befindlichen Pluto. – Näher beschäftigen wollen wir uns nun mit dem archetypischen Bild der Treppe. Der Schriftsteller Julien Green schrieb am 4. April 1933 in sein Tagebuch:

In allen meinen Büchern hängt der Gedanke der Angst oder einer sonstwie stärkeren Erregung auf eine unerklärliche Weise mit einer Treppe zusammen. Darauf kam ich gestern, als ich in meinen Romanen Umschau hielt ... Ich frage mich, wie ich diesen Behelf so häufig einsetzen konnte, ohne es zu merken. Als Kind träumte mir, jemand wäre auf der Treppe hinter mir her. Meine Mutter quälte als junges Mädchen die gleiche Angst.[10]

In allen Mythen und Märchen ist die Treppe ein Symbol für den Übergang einer psychischen Seinsweise zu einer anderen. Der Aufenthalt auf der Treppe stellt in gewissem Sinne das «Vakuum» zwischen «oben» (Bewusstsein) und «unten» (Unbewusstes) dar. Treppen und Leitern (Jakobsleiter!) versinnbildlichen sowohl den Übergang zum sakralen Bereich als auch zur Unterwelt und zum Tod.[11]

In Arnolds Traum handelt es sich zweifellos um den Übertritt zum Reich des Hades (Unterwelt): Es ist dunkel und feucht, und der Keller liegt hinter Arnolds Rücken. Der Unterweltsitz von Hades/Plutos lag im «erebos» (zugedeckten Land); wenn die Griechen diesem Gott früher ein Opfer darbrachten, so kehrten sie ihm dabei immer den Rücken zu! Mit diesem Unhold wollte man so wenig wie möglich zu tun haben.

Arnolds Assoziationen zur Kellertreppe bringen schlimme Kindheitserinnerungen nach oben. Später ergänzt er zu diesem Punkt noch, dass die Mutter des öfteren folgendermassen gedroht hat: «Wenn du nicht brav bist, koche ich nichts!» Wenn die Nahrungsaufnahme auf diese Weise als Druckmittel eingesetzt wurde, darf uns Arnolds Magenrebellion nicht wundern – auch wenn die eigentliche Krankheit erst im Erwachsenenalter ausbrach. Arnolds Bericht verdeutlicht ausserdem, wie intensiv Kinder unter falschen Erziehungsmethoden leiden. Im Traum identifiziert der Klient seine Magenkrankheit mit der Kellertreppe und damit auch mit den Erinnerungen, die mit dem Keller verbunden sind. Obwohl Arnold auf der Kellertreppe an seine neuen «räumlichen» Möglichkeiten (dritter Raum) denkt, steckt er immer noch im Unbewussten fest.

Zusammenfassend lässt sich feststellen, dass der zweite Traumteil drastisch vor Augen führt, woher das «Gerümpel» aus dem ersten Traumteil stammt: aus einem ziemlich bedrohlichen Keller! Während Arnold und ich über den Traum sprechen, wird ihm plötzlich bewusst, dass in seiner Krankheit auch eine gehörige Portion Masochismus steckt. Astrologisch müssen wir auch den Masochismus dem Pluto zurechnen (Pluto am Aszendenten). Arnold sagt: «Irgendwie dachte ich oft, dass ich es nicht verdient habe, gesund zu sein.» Selbstbestrafungstendenzen (schlechtes Gewissen!) werden traditionell dem Planeten Saturn zugeordnet. Die zahlreichen Aspekte des im fünften Haus stehenden Saturn brauchen an dieser Stelle sicherlich nicht mehr aufgelistet zu werden. Auffällig ist allerdings, dass Arnold die obigen Zusammenhänge in einer Phase bewusst werden, in der Saturn gerade in seinem sechsten Haus steht (am Anfang). Gesundheit, Krankheit und psychosomatische Prozesse sind die Domäne des sechsten Hauses. Geht der Saturn durch dieses Feld, so bedeutet dies nicht unbedingt, dass wir uns in bezug auf unseren Körper und auf unsere Gesundheit minderwertig fühlen; doch wie Arnold haben wir die Chance, auf geistigem Wege oder über kleine «Körpersignale» unseren alltäglichen Umgang mit der Physis, beispielsweise Essen und Schlafen, zu hinterfragen und zu verändern.

Der sich anschliessende Traum zeigt, welche Folgen das in Traum VI Gesagte für den Partnerschaftsbereich hatte. Von den bisherigen Träumen ist der Traum VII der mit Abstand schockierendste. Es bereitete Arnold sichtlich Mühe, ihn mir zu erzählen. Entgegen seinen sonstigen Gewohnheiten hatte er ihn auch nicht für mich aufgeschrieben, sondern berichtete ihn mir aus der Erinnerung.

In astrologischer Perspektive stand zu jener Zeit eine Opposition von Saturn im Wassermann zu einer Mond/Merkur Konjunktion im Löwen (auf dem Radix-Uranus) am Himmel, die den Radix-Mond durch Quadrate «in die Zange» nahm. Auf diese Weise entstand ein sogenanntes T-Quadrat. Man könnte auch sagen, dass die Mond/Neptun-Konjunktion (Radix) im «kritischen Punkt» (Thomas Ring) der aktuellen Opposition stand. Der folgende Traum verdeutlicht unsere schon früher geäusserte Vermutung, dass das mathematisch genaue Mond/Saturn-Sextil eher kritisch gedeutet werden muss. Die jetzige (doppelte!) Wiederholung des Mond/Saturn-Themas, vor allem Saturn Quadrat Radix-Mond, lässt keine anderen Schlüsse zu.

Ferner wird durch den Transit von Mond und Merkur über den Radix-Uranus dessen natives Quadrat zum Skorpion-Mond aktiviert. Im Geburtshoroskop lässt das Zusammenkommen von Mond/Mars, Mond/Saturn, Mond/Uranus und Mond/Neptun ein sehr schwieriges Verhältnis Frauen gegenüber erwarten.

TRAUM VII

Ich bin nackt. Mir gegenüber befindet sich eine angezogene Frau, die ich irgendwie auf den Kopf schlage. Dann schlage ich ihren Kopf kräftig auf die Kante eines Tisches. Die Frau ist sehr attraktiv. Ich nehme ihren Kopf zwischen meine Beine. Als sich mein erigierter Penis unter dem Kopf befindet, bekomme ich einen Samenerguss.

ARNOLDS ASSOZIATIONEN

NACKTHEIT: «Eine peinliche Situation.»

ATTRAKTIVE JUNGE FRAU: «Durch meine Krankheit bin ich so geschwächt, dass die Sexualität in meinem Kopf keinerlei Rolle spielt.»

KOPF: «Denken, Intellekt.»

MISSHANDLUNG DER FRAU: «Ich habe meine Mutter früher gehasst. Immer wieder habe ich als Jugendlicher und auch noch als Erwachsener Gewaltphantasien in bezug auf Frauen gehabt. Früher habe ich oft geträumt, dass ich Katzen misshandle.»

BAUCH: «Gefühle.»

PENIS/SAMENERGUSS: «Lust.»

Während Arnold seine Spontaneinfälle berichtet, spüre ich seine Erregung und seine Scham. Wäre ich eine Frau, hätte Arnold seinen Traum möglicherweise verschwiegen. Sowohl buchstäblich als auch im übertragenen Sinne ist Arnold im Traum «entblösst». Die Aktivierung des zwölften Hauses durch die Transite hat möglicherweise die schonungslose Analyse des Verdrängten zusätzlich begünstigt. Die wichtigste Botschaft des Traumes lautet, dass Arnolds Bild von möglichen Partnerinnen immer noch stark geprägt ist von der negativen Muttererfahrung: Unbewusst hasst er in den Frauen die Mutter, die seinen Berichten nach sehr dominant war.

Sehr deutlich haben die vergangenen Träume gezeigt, dass Arnold ein Problem mit der Anima und demzufolge mit Beziehungen hat. Doch scheinen jene Träume – im nachhinein betrachtet – nur eine «psychologische Vorbereitung» für den jetzt erfolgten Paukenschlag gewesen zu sein. Spiralförmig hat sich das Unbewusste einer zentralen Botschaft genähert bzw. sie immer mehr zugespitzt.

Die im Traum gespiegelte negative psychische Energie ist derart intensiv, dass man sie nur als Hass bezeichnen kann. Diese Hassenergie verschmolz bei Arnold mit dem Erleben des Sexuellen. Ohnehin sind Liebe und Hass die zwei Seiten der selben Medaille – zumindest wenn man unter «Liebe» das versteht, was landläufig üblich ist. In bezug auf Arnold könnte man unter Be-

90

nutzung der Märchensprache sagen, dass seine Sexualität «unter dem Bann der Hexe» steht. Diese «Verhexung» äussert sich im Traum nicht nur in Form von Brutalität, sondern auch in Sprachlosigkeit: Mann und Frau reden nicht miteinander. Es existieren nur Hass *und* Lust.

In seinen Assoziationen sagt Arnold, er habe keine Lust auf Sex, weil er sich dazu zu schwach fühle. Auch in seinem Kopf spiele Sexualität keine Rolle. Doch selbst bei einer oberflächlichen Analyse dieses Traums, wird man hier kein harmonisches Verhältnis zur sexuellen Erfahrung feststellen können. Arnold glaubt fälschlicherweise, dass die Nichtexistenz von Sex identisch ist mit dem Freisein von sexuellen Problemen. Insofern hat Arnold jedoch «recht», als es hier um wesentlich mehr geht als nur um Sexualität. Die Fühl- und die Beziehungsfähigkeit (Mond) ist zutiefst gestört, was fast notwendigerweise sich auf die Sexualität auswirken muss. Da der «Bauch» – als Folge davon – nicht zu Arnolds starken Seiten zählt (medizinisch wie symbolisch), hat bei ihm eine Verlagerung zum Denken stattgefunden.

In diesen Zusammenhang lässt sich auch problemlos Arnolds Erinnerung an frühere Träume von Katzenmisshandlungen einbetten. Traditionell ist die Katze ein Symboltier des Weiblichen. Im Mittelalter wurde sie dem Tierkreiszeichen Krebs unterstellt. Auch das Gespann der lunaren Göttin Freya (nordisch) wurde von Katzen gezogen. Die veränderlichen Augen der Katze verglich man in früheren Zeiten mit den Phasen des zu- und abnehmenden Mondes. In Ägypten schliesslich verkörperten Katzen schwangere Frauen. Von diesem archetypischen Blickwinkel aus gesehen, sind Arnolds «Katzenmisshandlungen» sehr schnell nachvollziehbar. Mit der Katze misshandelte er seine Mutter. In unserer heutigen Zeit symbolisieren Katzen vor allem (eine geheimnisvolle) Zärtlichkeit; auch an dieser hat es Arnold sehr gemangelt.

Bei der Explosivität dieses Traumes muss man sich immer

wieder die plutonische Qualität des Geburtshoroskops vor Augen halten: Pluto Konjunktion Aszendent, Muttersymbol Mond im Zeichen Skorpion und schliesslich – einen Widder-Merkur im achten Haus in Quadrat zu Mars. Der Anschaulichkeit halber wollen wir uns einmal die positiven und kritischen Entsprechungen der Mond-Aspektpartner in der nachfolgenden Tabelle (stark vereinfacht) betrachten:

	fördernd	**kritisch**	
Gefühl *(Mond)* +	Offenheit	/ Aggression	*(Mars)*
Gefühl *(Mond)* +	Verlässlichkeit	/ Hemmung	*(Saturn)*
Gefühl *(Mond)* +	Spontaneität	/ Oberflächlichkeit	*(Uranus)*
Gefühl *(Mond)* +	Sensibilität	/ Täuschung	*(Neptun)*

Die kritischen Entsprechungen dieser Tabelle verdeutlichen Arnolds Probleme, während die positiven die Entwicklungsaufgabe für die Zukunft skizzieren.

Der gerade besprochene Traum stellt zweifellos einen Einschnitt dar. Bislang waren meine Deutungen und Hinweise in bezug auf die Anima bei Arnold zwar auf Interesse gestossen, doch eine gewisse Reserviertheit war unverkennbar. Nach *diesem* Traum kann Arnold die Augen vor dem Ausmass des Problems nicht länger verschliessen.

Als Ergebnis einer inneren Auseinandersetzung mit diesem und den vorangegangenen Träumen berichtet Arnold in der nächsten Sitzung, seine Magenschmerzen hätten seit langer Zeit aufgehört – der Magen sei wohl «ausgeheilt». Ich freue mich zwar über diese Nachricht, doch versuche ich vorsichtig, seine Euphorie zu dämpfen. Ohne Zweifel ist durch den seelischen Prozess zwar etwas in Bewegung geraten, das auch den Magen miteinschliesst, doch meiner Einschätzung nach kann von einer echten, dauerhaften Heilung noch keine Rede sein.

Arnold berichtet mir, dass er statt der Magenschmerzen nun

er so intensiv wie jetzt die seelischen Ursachen seines Leidens empfunden. Doch leider beobachtet er sich fortwährend daraufhin, ob die Schmerzen nicht gleich wieder einsetzen. Damit ist klar, dass Arnold sich negativ konditioniert: Er «beobachtet» die Schmerzen förmlich herbei … Es wäre geradezu ein Wunder, wenn sie nicht demnächst wieder auftreten würden. Arnold gegenüber deute ich all dies nur vorsichtig an, weil es am sinnvollsten ist, wenn er sich selber auf die Schliche kommt.

In dieser Sitzung hatten wir kaum Zeit, über Träume zu reden. Arnold hatte einen kurzen Abiturtraum gehabt, in dem er im Fach Deutsch durchgefallen ist. Da er in Deutsch – in der Realität – immer Klassenbester gewesen war, hat ihn dieser Traum natürlich sehr erstaunt. Genau wie bei den früheren Abiturträumen bezieht sich die Prüfung eben nicht auf das Formale, auf die «Leistung»; Arnolds frühere Eins in Deutsch nutzt ihm für die heute anstehende «Matura» nichts mehr.

Die nächste geplante Sitzung musste wegen privater Gründe meinerseits ausfallen. Entgegen meiner Vermutung berichtet mir Arnold am Telefon, dass es seinem Magen nach wie vor gut gehe. Beim nächsten Treffen jedoch höre ich schon an Arnolds langsamen Schritten auf der Treppe zu mir, dass es ihn wieder erwischt hatte. Wie er mir erzählte, hatte er wieder viel beruflichen Stress gehabt, der wahrscheinlich seinen Teil zu den erneuten Magenschmerzen beigetragen hat. Seine krankhafte Selbstbeobachtung in bezug auf die Magenreaktion ist ihm mittlerweile bewusster geworden. – Aggressiv bricht es aus ihm heraus: «Ich will ja gar nicht gesund werden, verdammte Scheisse! Es ist zum Kotzen!»

Der von Arnold mitgebrachte Traum fand statt unter den Transiten Sonne Konjunktion Radix-Mondknoten im zweiten Haus, Merkur Konjunktion Mond/Neptun (Radix), und ausserdem befand sich der laufende Jupiter in der Nähe der Spitze des zweiten Hauses.

Traum VIII

Ich bin zu Fuss auf einer holprigen Landstrasse unterwegs. Dann komme ich durch eine kleine Ortschaft. Wieder auf der Landstrasse, sehe ich eine Polizeikontrolle. Ich bekomme es mit der Angst zu tun: Ich weiss, dass ich als Fussgänger nicht auf der Landstrasse gehen darf. Deswegen kehre ich um und gelange am Ortseingang zu einem Gasthaus, wo ich einkehre. Allein setze ich mich an einen Tisch. An einem anderen Tisch sitzt, ebenfalls allein, Erika. Von den Speisen, die vor mir stehen, würde ich gerne essen, doch ich getraue mich nicht wegen des Magens.

Es kommt eine ältere Frau herein, die Wirtin. Sie hat graue Locken und besitzt ein gutmütiges, freundliches Oma-Gesicht. In freundlichem, aber eindringlichem Ton macht sie mir Vorwürfe, weil ich so reich sei und Erika nichts von meinem Reichtum abgegeben habe. Ich verstehe das rein materiell und weiss, dass die Frau recht hat. Diese Wahrheit ist mir peinlich und so sage ich kein Wort dazu, zumal Erika ja alles mit anhört!

Schliesslich greife ich nach einem runden Keks, der vor mir auf dem Tisch liegt und in den anscheinend Kräuter hineingebacken sind. Ich bestreiche ihn mit frischem Quark oder Frischkäse. All diese Dinge stehen die ganze Zeit zum Zugreifen vor mir. Da ich befürchte, die Speisen nicht zu vertragen, lasse ich den angebissenen Keks zur Hälfte liegen.

Arnolds Assoziationen

ZU FUSS UNTERWEGS SEIN: «Minderwertige Art der Fortbewegung.»

LANDSTRASSE: «Ein Weg.»

HOLPRIG: «Mit meinem Magen ist's zur Zeit auch recht holprig …»

ORTSCHAFT: «Sich niederlassen.»

POLIZEI: «Schlechtes Gewissen.»

GASTHAUS: «Erholung, Essen.»

WIRTIN: «Im Traum ist es mir um so peinlicher, von so einer freundlichen Frau Vorwürfe zu bekommen. Tatsächlich hatte

Erika einmal finanzielle Probleme gehabt. Ich half ihr damals nicht, obwohl ich genügend Geld gehabt hatte.»

ERIKA: «Meine letzte Freundin.»

KEKS MIT QUARK: «Ich esse gerne Kekse und auch Quark, wenn es mir gut geht. Quark ist für mich Frische und Kraft.»

Es ist nicht erstaunlich, dass der Traum sich wieder mit der aktuell gewordenen Magenproblematik beschäftigt. Das durch den laufenden Saturn ausgelöste T-Quadrat (vgl. Traum VII) existierte auch zum Zeitpunkt von Traum VIII (Langzeittransit). Im kritischen Punkt der Opposition stand jedoch nicht nur der Radix-Mond, sondern auch – in Konjunktion – der laufende Merkur.

Hermes/Merkur war der Gott der Händler, Diebe und des fahrenden Volkes auf der Strasse. In diesem Planet können wir das verbindende Prinzip erkennen, unter anderem das Verkehrs- und Telefonwesen und überhaupt alles, was die Kommunikation betrifft. Das Traumarrangement von ehemaliger Freundin, Wirtin, Nahrung (alles Mond-Entsprechungen) und dem Unterwegssein auf der Landstrasse (Merkur) erinnert an den Merkurübergang über Mond/Neptun. Ausserdem spielt sich das astrologische Geschehen im dritten Haus ab – Merkur durchläuft also das ihm entsprechende Feld.

Nach Arnolds erster Assoziation scheint das Thema des Traumes seine minderwertige Fortbewegung durchs Leben zu sein. Dies stellt allerdings keine neue Erkenntnis dar. Doch wie wir mittlerweile schon wissen, produziert das Unbewusste «Evergreens», um dem Träumer in immer neuen Variationen neue Perspektiven auf seine alten Probleme zu ermöglichen. Wegen der wieder eingetretenen Magenschmerzen lohnt es sich, den Traum und die Assoziationen in dieser Richtung zu untersuchen. Arnolds Einfall zu dem Wort «holprig» bestätigt unsere Vermutung. Warum nur muss Arnold auf «holprige» (schmerzhafte) Weise durchs Leben gehen?

Nachdem Arnold alle seine Assoziationen berichtet hat, spreche ich ihn auf die hemmende Funktion der Polizei an. Plötzlich sprudelt es nur so aus ihm heraus: «Ich habe Angst vor der ‹Polizei›, vor dem schlechten Gewissen, vor diesem blöden Saturn[12] … Ich bin zu wenig risikofreudig in Sachen Essen. Die Rückkehr in die Ortschaft und das Weglaufen vor der Polizei entsprechen meinem gesundheitlichen Rückschlag. Ich kann einfach mit der Nahrungsmittelfreiheit noch nicht umgehen.»

In der Tat hat der «blöde Saturn» etwas mit Arnolds Schuldgefühlen zu tun. Mit Saturn an der Spitze des fünften Hauses hat man es generell schwer, es sich gut gehen zu lassen. Saturns Verbindung mit dem Mond deutet ferner die wichtige Rolle der Mutter in diesem Zusammenhang an. Während der Traumanalyse bekommt Arnold ein immer besseres Verhältnis zu seiner Mutter. Schon bevor Arnold zu mir kam, begann er den alten Hass abzubauen. Ab und zu spürt er jedoch auch heute noch «Querschläger» in sich aufsteigen. Ähnlich wie der Klient die versäumte Vaterliebe heute nachholen will, so gilt Gleiches für die Mutterliebe. Arnold erzählt, wie er es geniesst, beide Eltern bei Begrüssung und Abschied zu küssen. Über die Mutter sagt er: «Heute ist es für mich sogar erotisch, sie zu streicheln.» Meine Nachfrage bezüglich des Wortes «erotisch» wundert Arnold sehr. Für ihn ist die Verbindung des Wortes «Erotik» mit «Mutter» die normalste Sache von der Welt!

So erfreulich die Versöhnung mit der Mutter auf den ersten Blick erscheint, so kritisch muss man doch die Gefahr der Regression (Zurückgehen auf kindliche Entwicklungsstufen) sehen. Manchmal ist Arnold in einem Monat bis zu 14 Tage bei seiner Mutter in Münster, wo er dann auch den Vater in dessen Wohnung besucht. Sein soziales Leben in Aschaffenburg kündigt er für diese Zeit einfach auf. Die Entdeckung der positiven mütterlichen Seiten darf Arnold nicht zu einer neuen Form von Mutterbindung bzw. Abhängigkeit verführen. Das aktuelle Quadrat von

Saturn im Wassermann zum Radix-Mond spricht in dieser Hinsicht eine klare Warnung aus.

In vorsichtiger Weise äussere ich meine obigen Gedanken und kleide sie in den Konjunktiv. Zurückhaltend stimmt mir Arnold zu. Dann erzählt er mir, dass er durch die Heilpraktikerin, bei der er in Behandlung ist, eine junge Frau mit exakt denselben Krankheitssymptomen kennengelernt hat. Er schildert mir, wie erotisch die Ausstrahlung dieser Frau sei und er ihr in selbstloser Weise helfen wolle. Vor allem möchte er ihr einen Zugang zum Spirituellen ermöglichen, der seiner Ansicht nach für das Krankheitsverständnis notwendig sei. Wie jedoch die nächsten Wochen leider zeigen, fährt Arnold lieber zu seiner Mutter, als dass er den Kontakt mit jener attraktiven jungen Frau pflegt … Saturn/Mond (sowohl Radix- als auch aktuelles Transitthema) lässt sich hier übersetzen als die Hemmung von Beziehungsmöglichkeiten, die durch die Mutter libidinös besetzt wurden («erotisches Streicheln»). Wie Arnold mir gesteht, hat er grosse Angst vor einer neuen Beziehung mit einer Frau.

Arnolds obiger Traum bringt ihn jedoch auch mit positiven Facetten des Mond-Archetypus in Kontakt: Die freundliche und gesprächige Wirtin mit dem «Oma-Gesicht» meint es gut mit Arnold, auch wenn sie streng zu ihm ist (Mond/Saturn!). Ihre Botschaft betrifft den Umgang mit dem Materiellen.

Jupiter (laufend) am Beginn des zweiten Hauses eröffnet eine geistigere Betrachtungsweise des Materiellen. Auch die transitierende Sonne in Konjunktion mit dem aufsteigenden Mondknoten drückt aus, dass man Ich-Ansprüche und Gemeinschaftsbelange in Harmonie bringen soll. Der aufsteigende Mondknoten symbolisiert unter anderem Kontaktfähigkeit und Gruppenbezug. Da der Transit im zweiten Haus stattfindet, geht es um den Ausgleich zwischen egoistischen und sozialen Motiven im Umgang mit materiellen Dingen, beispielsweise Geld. Arnolds Assoziationen zum Vorwurf der Wirtin zeigen dessen Wahrheitsgehalt.

Ungeschminkt erhebt das Unbewusste hier einen «moralischen Zeigefinger» – zumindest erscheint es auf den ersten Blick so.[13] Tatsächlich hatte (und hat) Arnold grosse Geldbeträge bei Banken angelegt, und doch half er seiner in finanzielle Bedrängnis geratenen Freundin nicht. Geiz steht immer für mehr als nur für die Zurückhaltung des Geldes: Wer alles bei sich behält, gibt auch nichts von seinen Gefühlen her. Das Traum-Ich allerdings bezieht den Vorwurf der Wirtin nur auf das Materielle. Wenn man bedenkt, dass sowohl Geld als auch Nahrungsmittel eine bestimmte Form von Energie darstellen, dann erscheint Arnolds Krankheit unter einem neuen Blickwinkel: Arnold kann keine Energie aufnehmen, weil er nicht gelernt hat, Energie (Liebe) abzugeben bzw. zu verschenken. Nach den spirituellen Lebensgesetzen muss man geben, um etwas zu bekommen. Mittlerweile nimmt Arnold solche Wahrheiten an. Auch das Traum-Ich verdeutlicht mit seiner peinlichen Berührtheit, dass es zumindest in bezug auf seinen «Geiz» nachdenklich wird. Bei all dem Gesagten müssen wir uns natürlich auch an die Stier-Sonne im Radixhoroskop von Arnold erinnern.

Bislang noch nicht eingegangen sind wir auf die «Sitzordnung» im Traum. Arnolds Anima sitzt einsam und verlassen an einem anderen Tisch: Arnold hat nur «Sichtkontakt» zu seiner Beziehungsfunktion. Psychische Isolation und erneuter Krankheitsausbruch stehen wohl miteinander in Beziehung. Von einigem Symbolwert ist natürlich auch, dass in diesem Traum Erika als Anima dargestellt wird; durch sie wird eine vor kurzem gescheiterte Beziehung verkörpert.

Eine besondere Rolle spielt der Keks am Ende des Traumes. Da er rund ist, stellt er den Archetypus des Selbst dar. Von der Form her entsprechen auch Quadrate (Mandalas) dem Ganzheitsprinzip. Im Traum erscheint das Selbst ziemlich «verführerisch»: mit Kräutern, Quark oder Frischkäse. Arnold kann das Symbol der Ganzheit nicht ganz, sondern nur zur Hälfte essen. Um «ganz» und «rund» zu werden, muss Arnold seine Halbherzigkeit überwinden, statt krankhaft permanent den Magen zu beobachten.

Mystisch, magisch und «pervers» geht es in den nächsten beiden Träumen zu; sie fanden innerhalb von drei Tagen statt. Die transitierende Sonne näherte sich der Konjunktionsstelle mit Mond/Neptun, und eine mundane Merkur/Pluto-Konjunktion stand kurz vor Arnolds IC. Zusätzlich befanden sich somit Merkur und Pluto in Quadrat zum Radix-Pluto. Eine Konjunktion der laufenden Venus mit dem Radix-Jupiter bescherte Arnold zwar kein schönes Liebeserlebnis, doch wenigstens im Traum können wir ein amouröses Abenteuer nachweisen. Nicht selten lassen sich Transite von Schnellläufern (Sonne, Mond, Merkur, Venus und Mars) *ausschliesslich* im Traumleben aufzeigen.

TRAUM IX

Im Wald findet eine Feier mit vielen Leuten statt. Evelyn (die Magenpatientin, die ich bei meiner Heilpraktikerin kennengelernt habe) ist auch da. Szenenwechsel: Es ist Nacht, und ich liege mit Evelyn im Bett. Meine Mutter schläft im selben Raum, sie ist wach. Wir kuscheln im Bett und umarmen uns. Ich fühle die Wärme ihres Körpers. Es geht nicht um Lust und Sex, sondern um Geborgenheit durch Körperkontakt. Sie sagt, ich wisse ja, dass ich jederzeit in sie eindringen könne. Ich weiss jedoch, dass ich das derzeit nicht kann wegen Mangelernährung und dadurch bedingter Erektionsunfähigkeit. Ich finde das überhaupt nicht schlimm.

Szenenwechsel: Mein Vater, meine Mutter, ich, Evelyn und eine schwarze deutsche Dogge befinden uns in einem Waldstück. Mich kommt das starke Bedürfnis an, mir von der Dogge die Brustwarzen lecken zu lassen und zuzusehen, wie sie das auch bei Evelyn und meiner Mutter tut. Ich geniere mich, weil ich diesen Wunsch als pervers empfinde und sage ihn dennoch meinem Vater. Ich ziehe mein Hemd aus. Die Dogge kommt und legt zaghaft ihre

Schnauze auf meine Brust, und zwar von oben, so dass die Schnau-
zenspitze in Richtung Genitalien zeigt. Sie leckt nur kurz an meinen Brustwarzen, wirkt unschlüssig und unsicher und legt dann die
Schnauze zwischen meine Beine. Das will ich nicht und rufe:
«Aus!» Auch Vater und Mutter rufen es. Ich denke bei mir: «Was
ich tue, ist ja Sodomie!» Ich spüre den Atem der Dogge im Genital-
bereich, es kitzelt durch die Hose hindurch. Ich habe Angst davor
und finde es unangenehm. Schliesslich stehe ich auf.

Eine zirka 35 Jahre alte Frau kommt hinzu. Sie erzählt mir
von ihren Beziehungsproblemen mit einem bestimmten Mann. Es
interessiert mich jedoch nicht, was sie zu erzählen hat, und so höre
ich nur aus Höflichkeit zu. Dann wache ich auf.

ARNOLDS ASSOZIATIONEN

WALD: «Wie ich mittlerweile weiss, ist der Wald ein Bild für das
Unbewusste.»

FEIER: «In Gruppen zu feiern, ist nicht gerade meine Stärke ...»

EVELYN: siehe Texteinschub oben.

MUTTER: «Im Traum liegt die Mutter im selben Raum wie Evelyn
und ich, doch das stört mich nicht.»

KUSCHELN: «Erika wollte in der Beziehung mit mir immer viel
Zärtlichkeit und Kuscheln. Mir war das alles zuviel. Doch mittlerweile fehlt mir die körperliche Nähe.»

IMPOTENZ DURCH MANGELERNÄHRUNG: «Das entspricht der Realität.»

DOGGE: «In der Wohnung über mir wohnt ein Mann, der eine
Dogge hatte. Vor dem Tier hatte ich grosse Angst. Ein Glück,
dass es kürzlich gestorben ist.»

SODOMIE (Arnold muss sich einen Ruck geben und zögert mehrmals, bevor er anfängt zu sprechen): «Als Jugendlicher habe
ich mir einmal von einem Hund den Penis ablecken lassen. Es
war zwar schön, doch dauernd musste ich denken: ‹Hoffentlich
beisst der Hund den Penis nicht ab!›»

35 JAHRE ALTE FRAU: «Meine Mutter war 35 Jahre alt, als ich auf die Welt kam. Auch sie erzählte mir andauernd von ihren Beziehungsproblemen mit ihrem Mann (meinem Vater, der ihr Geliebter war). Irgendwie mochte ich das alles nicht hören.

Obwohl Arnold sich im realen Leben kaum um Evelyn bemüht, sondern lieber zu seiner Mutter nach Münster fährt, scheint sich eine andere Seite in ihm nach der Nähe zu dieser Frau zu sehnen. Sicherlich ist es kein Zufall, dass dieses «traumhafte» Liebeserlebnis unter Venus Konjunktion Jupiter stattfindet.

Nach allem, was wir bislang besprochen haben, darf uns die im selben Raum mit den Liebenden «schlafende» Mutter nicht überraschen. Arnold hat sich von der Mutter noch nicht abgenabelt und so projiziert er sein Mutterbild auf die Frauen, die er kennenlernt. Dass es im Traum nicht zur Vereinigung mit Evelyn kommt, ist sicherlich nicht nur mit der «Erektionsunfähigkeit durch Mangelernährung», sondern vor allem durch die symbolträchtige Anwesenheit der Mutter im Schlafzimmer zu erklären. Letztlich ist die Magenkrankheit und die daraus resultierende Impotenz ohnehin auf den Mutterkomplex zurückzuführen. Die dominante Energie der Mutter wird im Traum zusätzlich dadurch unterstrichen, dass die Mutter wach ist. Wie schon mehrfach erwähnt, ist aus astrologischer Perspektive die «Virulenz» des Mutterkomplexes durch Saturn (laufend) Quadrat Mond (Radix) zu erklären.

Nachdenklich müssen uns auch Arnolds Kommentare zu der Schlafzimmerszene stimmen. Es stört ihn in keiner Weise, dass die Mutter Zeugin seines Liebesspiels mit Evelyn wird. Arnold hat noch nicht verstanden, dass Mütter in seinem Schlafzimmer (Liebesleben) nichts zu suchen haben … Das Traum-Ich und damit das Bewusstsein des Träumers mag zwar auf intellektuelle Weise einige Zusammenhänge ahnen, doch im Grunde will es sich gegen die Vereinnahmung durch die Mutter nicht wehren.

Erhellend ist in diesem Zusammenhang auch die Satz- bzw. Wort-folge im Traum: «Meine Mutter schläft im selben Raum, sie ist wach. Wir kuscheln im Bett ...» Zunächst stutzt der Leser und fragt sich, wer mit «wir» gemeint ist: die Mutter und Arnold oder Evelyn und Arnold.

Arnolds Einfall zum «Kuscheln» erinnert indirekt an Traum IV, wo ebenfalls ein etwas einseitiger, mechanischer Umgang mit Frauen sichtbar wurde. Da es Arnold in der Kindheit an Nähe und inniger Zärtlichkeit gemangelt hat, sind seine späteren Probleme in dieser Hinsicht nur zu verständlich. Warum nun aber geniesst Arnold im Traum das Kuscheln, das er in der Realität doch abgelehnt hat? Nachdem Arnold jetzt schon einige Zeit allein lebt, ist das Urbedürfnis nach Nähe offenbar wieder stärker geworden.

Dieser aufkeimende sensiblere Umgang mit Nähe und Zärt-lichkeit (Venus Konjunktion Radix-Jupiter) steht jedoch nach wie vor im Konflikt mit den «perversen», «animalischen» Triebanteilen. Von Bedeutung für den sodomitischen Teil des Traumes ist die Halbsumme IC = $Pluto^{tr}$ / $Venus^{tr}$. Venus/Pluto konfrontiert uns nicht selten mit sexuellen Abgründen. Erwähnenswert ist hier natürlich auch die mundane Merkur/Pluto-Konjunktion am IC und das dadurch entstehende Quadrat zum Radix-Pluto.

In Plutos (Hades) Unterweltssitz verteidigten und bewachten Hunde (Kerberos) den Zugang. In Mythologie und Märchen haben diese Tiere die unterschiedlichsten Bedeutungen. Auf alle Fälle dürfen wir in ihnen noch nicht entwickelte Anteile («Tie-re») sehen. Entscheidend ist Arnolds Assoziation, dass er vor der Dogge, die in der Wohnung über ihm lebte, grosse Angst hatte. Doggen sind grosse, starke und unberechenbare Hunde, und so dürfen wir in ihnen Arnolds unkontrollierbare Triebanteile erkennen. Die Unkontrollierbarkeit dieses Triebs ängstigt Arnold.

Des öfteren hat Arnold während der Sitzungen gesagt, dass er ganz dankbar dafür ist, sich momentan wegen seiner Krankheit um das Thema Sexualität nicht kümmern zu müssen. «Das ist ziemlich bequem für mich», fügte er einmal hinzu. Dem entspricht bei den Traumassoziationen Arnolds doppeldeutiger Ausspruch: «Ein Glück, dass es [das Tier bzw. die Dogge] kürzlich gestorben ist.»

Die sodomitischen Szenen im Traum und in den Assoziationen mögen manchen Leser etwas schockieren. Ein Naserümpfen ist hier jedoch nicht angebracht. Die meisten von uns mögen zwar nicht so grosse seelische Probleme wie Arnold haben, doch wir besitzen alle einen Pluto im Horoskop und ein «Tier» in uns. – Eine tiefenpsychologische Beschäftigung mit dem Nationalsozialismus und der Rolle von Herrn und Frau «Biedermann» könnte sehr schnell die problematischen Seiten Plutos verdeutlichen.

Arnolds sexuelle Entwicklung können wir als Ausdruck einer «perversen Familiensituation» deuten. Nicht umsonst nehmen Vater und Mutter an der Szene gleichermassen Anteil. Die Anwesenheit von Evelyn zeigt uns, dass Arnolds Möglichkeiten in der Partnerschaft immer noch von den Auswirkungen jener familiären Situation überlagert sind.

Die Tatsache, dass Arnold ein uneheliches Kind war, ist an sich für ihn nicht «pervers» gewesen. Doch in seinem persönlichen Falle waren die sozialen und die die psychische Entwicklung betreffenden Folgen allemal schlimm. Mehrfach hatten wir schon erwähnt, dass das heimliche Liebesverhältnis zwischen dem mit einer anderen Frau verheirateten Vater und der Mutter sehr belastend für alle Beteiligten war. Ferner musste sich Arnold immer wieder anhören, dass die Sexualität etwas Negatives sei («der geile Vater»). Diese Abwertung der Sexualität hat bei Arnold zu einer Blockierung einer normalen körperlichen Lusterfahrung geführt, was unter anderem auch in den Kastrationsängsten zum Ausdruck kommt – sowohl indirekt im Traum als auch in den Einfällen zu dem Realerlebnis.

Die 35jährige Frau stellt eine Facette der Mutter dar. Somit erscheint die Mutter im Traum gleich zweifach, was zweifellos auch ihrer Bedeutung für Arnold entspricht. Sowohl die 35jährige Frau als auch die Mutter erzählten Arnold – im Traum bzw. in der Realität – ihre Beziehungsprobleme. Als Kind musste Arnold jedoch «abschalten»; dies war die einzige Möglichkeit für ihn, sich gegen die Vereinnahmung durch die Mutter zu schützen. Sowohl im Traum als auch in der Realität hörte Arnold nur aus Höflichkeit zu.

Dieser Traum ist von besonderer Bedeutung insofern, als er der erste ist, in dem Vater und Mutter gleichzeitig auftreten. Astrologisch gesehen, fand der Traum unter dem Transit Sonne Konjunktion Radix-Mond statt! Genaugenommen wurde die Konjunktionsstelle jedoch nicht exakt erreicht. In früheren Zeiten nannte man die Konjunktion der Sonne im Bereich 8° 30' *vor* dem Mond «Hekate». Hekate galt als unheilvoller Neumond, der allerdings für allerlei magische Beschwörungen geeignet war. Für uns jedoch bleibt hier festzuhalten, dass das Zusammenkommen der astrologischen Symbole für Vater und Mutter eine Entsprechung im Traumleben hat. Sowohl Vater als auch Mutter spielen ihre Rolle in Arnolds Libidoverwirrung.

Der nächste Traum (Traum X) fand in derselben Nacht statt; er wird hier ausgelassen, weil er nur wenig Neues zutage förderte. In einer Nacht, als der laufende Saturn eine *minutenexakte* Opposition zum Radix-Uranus bildete, hatte Arnold einen Traum, der dem Janus-Archetypus entspricht:

TRAUM XI

Ich fragte mich, wo ich in Zukunft wohnen werde. Vor mir sehe ich einen Berg in Dreiecksform. Der obere Bereich des Berges wird von einem riesigen steinernen Gesicht eines älteren Mannes (Gott?) gebildet. Seltsam ist, dass es ZWEI Gesichter gibt, eines auf der einen und eines auf der gegenüberliegenden Seite. In diesem Kopf befindet sich ein Haus bzw. eine Wohnung. Die Wohnung erscheint mir interessant, aber sie ist noch nicht fertig eingerichtet. Al-

*Alles wirkt offen und unfertig. Szenenwechsel: Ich bin in einer
Wohnung, die sich gleich unter dem Dach befindet. Dort oben be-
gegne ich Herrn Gallop. Er poliert einen Kasten, der mit der Anlage fürs Haus in Zusammenhang steht. Ich frage ihn, warum er das
alles freiwillig tut. Er antwortet: «Man muss etwas für die Gemeinschaft tun und nicht nur für sich sorgen.» Ich stimme ihm zu. In
mir steigt ein Gefühl hoch, als ob jetzt das Abenteuer eines Neubeginns vor mir liegt. Ich fühle mich glücklich und gesund.*

ARNOLDS ASSOZIATIONEN

DREIECKIGER BERG: «Das erinnert mich an eine Meditation, die
wir beide anfangs zusammen gemacht haben. An der Spitze
des Dreiecks war das Göttliche, genau wie im Traum. Geht es
im Traum um ein ‹göttliches Wohnen›?»

ZWEI KÖPFE: «Das ist gefährlich! Es gibt zwei Seiten, alles hat
zwei Seiten im Leben.»

WOHNUNG BZW. HAUS IM KOPF: «Ein Kopfmensch wohnt im
Kopf. Mache ich meinen Kopf zum Gott?»

HERR GALLOP: «Das ist jemand, der in unserem Haus wohnt (in
Aschaffenburg). Er ähnelt mir sehr: Er ist ein uneheliches
Kind, er wohnt allein und er hat keine Freundin. Sogar der
Postbote verwechselt uns, obwohl unsere Nachnamen doch gar
nicht ähnlich sind. In meinem Kasten liegt oft Post für ihn und
umgekehrt.»

GEMEINSCHAFT: «In den letzten Tagen und Wochen dachte ich öfters daran, dass ich mehr für andere tun will. Früher habe ich
ausschliesslich an mich gedacht.»

NEUBEGINN: «In jeglicher Hinsicht steht ein Neubeginn ins Haus:
in der Beziehung zu Frauen und zu meinen Eltern, in bezug auf
meinen Magen, ja und sogar eine berufliche Änderung steht
bevor; ich fühle, dass mich meine jetzige Arbeit seelisch nicht
mehr befriedigt. Doch ich muss zugeben, dass ich auch Angst
vor all diesen Änderungen habe.»

Eine tiefenpsychologische Beschäftigung mit der Astrologie setzt meiner Meinung nach ein Wissen um die mit der Astrologie verknüpften Mythen voraus.[14] Wie allgemein bekannt, regierte Saturn in der Antike bis zur Entdeckung des Planeten Uranus die beiden so unterschiedlichen Tierkreiszeichen Steinbock und Wassermann. Während der Steinbock-Saturn das alte Jahr verkörpert, versinnbildlicht der Wassermann-Saturn die neue Zeit, das neue Jahr: Der Übergang der laufenden Sonne im Januar vom Steinbock in den Wassermann markiert vor allem einen geistigen Neuanfang, bei dem wir alles Negative der vergangenen zwölf Monate hinter uns lassen können. Der Name «Januar» rührt her vom Gott Janus, der ein Zeitgott war. Vor allem sah man in ihm den «Beschützer des Neuanfangs».

In Rom hielt man Janus für einen zum Gott gewordenen König des alten Italien und setzte ihn in die engste Verbindung zum Gott Saturn, da dieser nach Mittelitalien verbannt worden war. Andererseits nannte man Janus auch «Sohn des Uranus». Man erkennt hier deutlich die zwei Seiten des Gottes Janus: das Alte, Konservative (Saturn/Steinbock) und das Neue (Wassermann und Uranus – in der Neuzeit).[15]

Der Eintritt in das Neue, Unbekannte symbolisierte Janus sogar buchstäblich: Man betete ihn in Rom als «Gott der Torbögen» («ianum» heisst im Lateinischen «Tür») an. Er war und ist – als immer noch lebendiger Archetypus – der Gott des Anfangs und des Endes, des Vor- und des Rückblicks, des Öffnens und des Schliessens.

In bezug auf Arnolds Traum ist das geradezu unheimliche Zusammenfallen von einer minutengenauen Opposition vom Steinbock-Herrscher Saturn (laufend) mit dem heutigen Wassermann-Herrscher Uranus (Radix) und dem Traumbild vom Gott Janus erstaunlich genug. Des weiteren jedoch befand sich der laufende Saturn im *Wassermann!* Das «Janus-Motiv» ist demnach auch auf der Tierkreisebene vorhanden.

Arnolds seelische Umbrüche haben ihn reif für eine Begegnung mit Janus gemacht. Vielleicht sollte hier noch erwähnt werden, dass Arnold zwar einige astrologische Kenntnisse besitzt, jedoch sich in keiner Weise mit den mythologischen Quellen der Astrologie beschäftigt hat. Auch wusste er nicht, dass er in jener Nacht eine minutenexakte Saturn/Uranus-Opposition erleben würde.

Ohne Zweifel beginnt für Arnold eine «neue Zeit». Doch Zeiten des Wechsels sind immer auch gefährlich. Man weiss nicht genau, was an die Stelle des Alten treten wird (vgl. auch Arnolds Assoziationen zu «zwei Köpfe»). In den Einfällen zu «Neuanfang» zählt Arnold auf, bei welchen Themen Umstellungen vor der Tür stehen: innere Einstellung zu Frauen, Eltern, Beruf und Einstellung zum Körper bzw. zum Magen. Wie die bisherigen Sitzungen gezeigt haben, sind diese Punkte aufs engste miteinander verwoben.

Schauen wir uns den Traum noch etwas detaillierter an. Er beginnt mit der Frage, wo Arnold in Zukunft wohnen wird. Die Symbolik dieser Frage liegt im nachhinein auf der Hand: Wird Arnold in Zukunft etwa im konservativen Steinbock/Saturn-Reich wohnen, das all seine Hemmungen und Probleme verkörpert? (Sinnigerweise besitzt Arnold einen Steinbock-Saturn, auch wenn es sich dabei um eine langfristige Konstellation handelt, die viele Menschen aufweisen.) Oder wird Arnold in die «Wohnung» des progressiven Wassermann-Saturn aufbrechen? Diese Frage ist von entscheidender und deshalb im Traum und in den Assoziationen von religiöser bzw. spiritueller Tragweite. So ist beispielsweise der Berg ein kosmisches Symbol für jenen Ort, an dem wir dem Himmel, das heisst dem Transzendenten, am nächsten sind. Es sei daran erinnert, dass für viele Kulturen Bergspitzen Wohnplätze der Götter darstellen.

Eine weitere Deutungsvariante ergeben Arnolds Spontaneinfälle zu der «Kopf-Wohnung» auf der Bergspitze: Es wäre schade, den Neubeginn nur im Denken stattfinden zu lassen. Dass der Neuanfang erst noch geplant und ausgeführt werden muss, zeigt sich im Traum an der unfertigen Wohnungseinrichtung.

Im zweiten Teil des Traumes wird die Saturn/Uranus-Thematik in einen neuen Zusammenhang gestellt. Wie die Einfälle Arnolds zu «Herrn Gallop» und «Gemeinschaft» zeigen, existiert im Träumer ein egoistischer, unsozialer Anteil und ein sozialer, der sich auch Gedanken um die Gemeinschaftsbelange macht. Letzteres entspricht ohne Zweifel dem Uranus/Wassermann-Prinzip. Der soziale Teil des Träumers befindet sich nicht zufällig in «Dachnähe». Das Dach ist dem Himmel näher als der Keller … Jener «himmelwärts» strebende Teil in Arnolds Psyche lag viele Jahre lang im Dornröschenschlaf, doch jetzt beginnt er aufzuwachen. Die Betonung des Neubeginns am Ende des Traumes führt wieder zurück zu jener klassischen Bedeutung von Janus.

Am Schluss der Sitzung erzählt mir Arnold, dass sein Magen seit einigen Tagen den jahrelang gegessenen Haferbrei nicht mehr verträgt. Statt dessen kocht sich Arnold nun Dinkelkörner, «auf denen ich richtig rumkauen muss» – und er verträgt sie sogar! In einer psychologischen Perspektive entspricht Breinahrung dem Babystadium (Regression), während kräftiges Kauen für eine Auseinandersetzung mit inneren und äusseren Widerständen steht, wie sie dem Erwachsenen angemessen ist. – Arnold scheint sich jetzt «durchbeissen» zu wollen …

Zu Beginn der nächsten Sitzung erzählt Arnold, dass seine Eltern kürzlich Geschlechtsverkehr miteinander gehabt hätten. Nachdem die Ehefrau des Vaters schon vor einiger Zeit an Altersschwäche gestorben ist, machte der Vater immer wieder Arnolds Mutter sexuelle Avancen. Doch auch die Mutter ist schon sehr alt und fühlt sich körperlich nicht sehr wohl. Zu Arnold sagte sie über den Vater: «Er ist aufdringlich.» Sie berichtete ihm nur Negatives über den Vater. Als Arnold allein mit dem Vater war, erzählte dieser ihm, wie harmonisch und wunderschön das Zusammensein mit der Mutter sei. Genau wie in der Kindheit widersprechen sich Vater und Mutter. Arnold fühlt sich zwischen den Eltern hin- und hergerissen.

Sicherlich ist es eine sinnvolle schicksalshafte Parallelität, die Arnold jetzt erlebt: Während er mit der Arbeit an seinen Träumen und mit Hilfe der Astrologie seine Vergangenheit aufarbeitet, wiederholt sich eben genau diese Konstellation, unter der er als Kind immer gelitten hat. Im Gegensatz zu damals hat er jetzt jedoch die Chance, sich nicht von den Eltern «überfahren» zu lassen.

Ich frage Arnold, ob ihm noch nicht die Idee gekommen ist, der Mutter das Lästern über den Vater in seiner Gegenwart zu verbieten. Er verneint. Es ist ihm auch noch nicht zu Bewusstsein gekommen, dass die Eltern ihn in ihre «Spielchen» einbeziehen. Arnold erzählt, dass ihn die ewigen «Zweiermauscheleien» (Arnold–Mutter, Arnold–Vater, Mutter–Vater) anwidern. Es liegt nun an ihm, das Spiel zu beenden. Die Probleme der Eltern müssen heute nicht mehr zu den seinen werden.

Trotz des optimistischen Janus-Traumes ist es durch die aktuelle Entwicklung zu einem kurzfristigen Rückfall gekommen: Der Konflikt zwischen den Eltern ist Arnold auf den Magen geschlagen. Eine halbe Stunde überlegt er nun manchmal vor dem Essen, was er sich zubereiten solle. In Münster hat ihn der rebellierende Magen davor «geschützt», mit den Eltern gemeinsam in ein Restaurant Essen gehen zu müssen: «Ich will diese künstliche Familieneinheit, diese Heuchelei einfach nicht miterleben.» Es widert ihn an, wenn der Vater sagt: «Ist es nicht schön, dass wir jetzt eine harmonische Familie sind?»

Wie man sieht, gleicht Arnolds seelische Entwicklung einer Achterbahn. Neben den optimistisch stimmenden Veränderungen gibt es immer wieder Rückschläge. Es ist, als ob das Schicksal «testen» wolle, wie ernst es Arnold mit seinem Willen nach Veränderung ist. Des weiteren gilt festzuhalten, dass die Rückschläge nicht auf dem selben Niveau wie früher stattfinden. Trotz der Schwankungen in Arnolds psychischem Zustand und seiner körperlichen Gesundheit weist die Gesamtentwicklung nach oben. Arnold geht heute bewusster mit seinen Problemen um. Seine gesteigerte Souveränität wird für mich unter anderem in vermehrten selbstironischen Äusserungen deutlich und vor allem in der Fähigkeit, über sich selbst lachen zu können. Jedenfalls ist der weinerlich-aggressive Ton aus den ersten Sitzungen verschwunden. – Über Träume konnten wir in dieser Sitzung nur am Rande sprechen.

Traum XII fand statt unter dem Transit der laufenden Sonne über den Radix-Saturn an der Spitze des fünften Hauses. Der Traum bringt ans Tageslicht, dass Arnold wegen der Querelen seiner Eltern im achten Lebensjahr die Entscheidung getroffen hat, nie im Leben zu heiraten und Kinder zu haben. Unbewusst wirkte diese Entscheidung bis in die Gegenwart! Der Traum erhellt somit ganz konkret, welche Geschichte sich hinter dem Saturn an der Spitze des fünften Radix-Hauses verbirgt.

Nach diesem Traum verabschiedet sich Arnold für mehrere Monate von mir, da er in eine spirituell orientierte Klinik geht. Dort will er sich mit den Methoden der Steinerschen Lehre behandeln lassen, beispielsweise mit Wahrnehmungsübungen. Schon vor einem halben Jahr hatte sich Arnold in der Klinik angemeldet, doch nie war ein Platz für ihn frei gewesen. Jetzt ging es so schnell, dass es sowohl für ihn als auch für mich überraschend kommt.

Zum Zeitpunkt der Niederschrift dieses Buches befindet sich Arnold nach wie vor in der Kurklinik. Er schrieb mir einen Brief, in dem er mir erstaunt berichtete, dass seine Träume ziemlich verflacht seien und er sich auch sehr schlecht an sie erinnere. Da das Unbewusste jetzt «weiss», dass es sich zur Zeit nicht «lohnt», tiefschürfendes Material zu produzieren, ist diese Entwicklung völlig normal (an der Klinik werden keine Träume analysiert). Man muss es schon an sich selber erlebt haben, wie während einer Unterbrechung in der Traumarbeit, beispielsweise in den Sommerferien, das Traumleben wie von unsichtbarer Hand «per Knopfdruck» abgeschaltet bzw. in der Intensität vermindert wird. Kaum steht der nächste Besprechungstermin vor der Tür, stellt sich das Unbewusste sofort darauf wieder ein.

Da Arnold sich ausgiebig und ernsthaft mit spirituellen Themen beschäftigt, ist es sicherlich förderlich für ihn, mit den Therapeuten der Klinik eine ganz andere Art des psychischen Arbeitens zu erfahren – und zwar Tag für Tag und nicht in grossen Abständen wie mit mir. Arnolds Brief klingt sehr positiv. Er schreibt: «Es geht mir körperlich und seelisch recht gut. Meine Magenbeschwerden haben sich weiter gebessert. Momentan komme ich völlig ohne Säureblocker und andere Medikamente aus; eines der Therapieziele ist, dass ich dauerhaft völlig ohne auskomme. Auch meine Ernährung wird hier umgestellt.»

Obwohl Arnold nur langsam neue Sichtweisen lernt (genaues Merkur/Saturn-Quadrat im Radixhoroskop), stimmt das grosse Trigon zwischen Sonne, Saturn und Pluto für die Zukunft optimistisch. Möglicherweise wird Arnold in der zweiten Lebenshälfte eine grössere soziale Verantwortung übernehmen als bisher mit seiner Kleinstfirma. Eine Umstellung im Gefühlsleben deutet die Quadratur von Uranus zu Mond/Neptun an. Kommt Arnold der Aufforderung dieses Aspekts auf lange Sicht nicht nach, wird er ihn «passiv» erleben müssen. Doch die bislang erreichten Veränderungen lassen einen Neubeginn erwarten.

III. Fallbeispiel Karin

Die Sitzungen mit Karin waren wesentlich energiegeladener als jene mit Arnold. Was den Umgang mit Träumen betrifft, so hat Karin schon einige Erfahrungen mit einer freudianischen Psychoanalyse gesammelt. Es bereitet ihr keinerlei Schwierigkeiten, sich an mehrere Träume einer Nacht zu erinnern. Von Beruf ist die Klientin Lehrerin; allerdings ist sie vor kurzem pensioniert worden. Nach der Besprechung des Geburtshoroskops kam sie einige Male mit ihren Träumen zu mir. Da sie selber nebenher ein wenig Astrologie betreibt, war sie neugierig darauf, wie sich ihre Träume im Spiegel astrologischer Konstellationen darstellen würden. Wie aufregend und auch schmerzhaft die nächsten Wochen und Monate sein würden, haben wir beide nicht geahnt. Da Karin gerade mit Umzugsarbeiten beschäftigt war und einige Ereignisse eintraten, die ihr Leben gehörig durcheinanderwirbelten (siehe unten), sahen wir uns in sehr unregelmässigen Abständen.

Karins Horoskop weist einige Parallelen mit dem von Arnold auf: Pluto Konjunktion Aszendent, Sonne im Stier, Neptun im dritten Haus sowie eine wichtige Mond/Neptun- und eine Mond/Saturn-Verbindung. Wie schon bei Arnold spiegelt der erste Quadrant ein schwaches Ego wieder: Neptun im Quadranten des Ichs und ein Krebs-Aszendent unterstreichen noch mehr als bei Arnold die Gefahr, sich zu verlieren. Auch die Sonne/Uranus-Konjunktion und das Venus/Neptun-Quadrat zeigen uns einen sensiblen und seelisch anfälligen Menschen.

Noch eine weitere Parallele verbinden Arnold und Karin: Beide sind uneheliche Kinder. Allerdings hat Karin es noch etwas schlimmer getroffen als Arnold: Sie wuchs weder bei Vater noch Mutter, sondern bei Adoptiveltern auf. Ihre biologischen Eltern kennt sie nicht. Die Mond/Saturn-Konjunktion und Mars im vierten Haus lassen uns die schwere Kindheit nachvollziehen. Karin hat sich weder mit der Adoptivmutter noch mit dem Adoptivvater verstanden. Der Vater wird als «sehr unberechenbar» (Sonne/Uranus-Konjunktion) beschrieben. Karin versuchte als Kind nett und lieb zu sein, um nicht geschlagen zu werden.

Angesichts ihrer unterdrückten natürlichen Anlagen entwickelte sich Karin, ähnlich wie Arnold, zu einem «dressierten Kind». Wie viele Menschen mit einer Mond/Saturn-Problematik hat sie grosse Angst vor psychischer Nähe und lebte lange Perioden ihres Lebens allein. Die Angst vor Nähe drückte sich auch in sexuellen Hingabeängsten aus.

Nach Karins eigener Aussage ist ihr grösstes Problem die mangelnde Fähigkeit, Menschen und Dinge loslassen zu können. Mit Mond/Saturn werden Trennungen in der Kindheit als besonders schwer erlebt. Der von Arnold erwähnte Begriff «Urschmerz» trifft auf Karin sicherlich in besonderem Masse zu. Was ein Baby psychisch erlebt, das beide Eltern verliert, können wir bestenfalls erahnen. Die Folge dieses Schmerzes war, dass Karin im Erwachsenenalter (unbewusst) Trennungen immer zu vermeiden suchte.

Eine weitere Parallele zu Arnold ist ein etwas zwanghafter Charakter (Pluto Konjunktion Aszendent, Mond/Saturn-Konjunk-

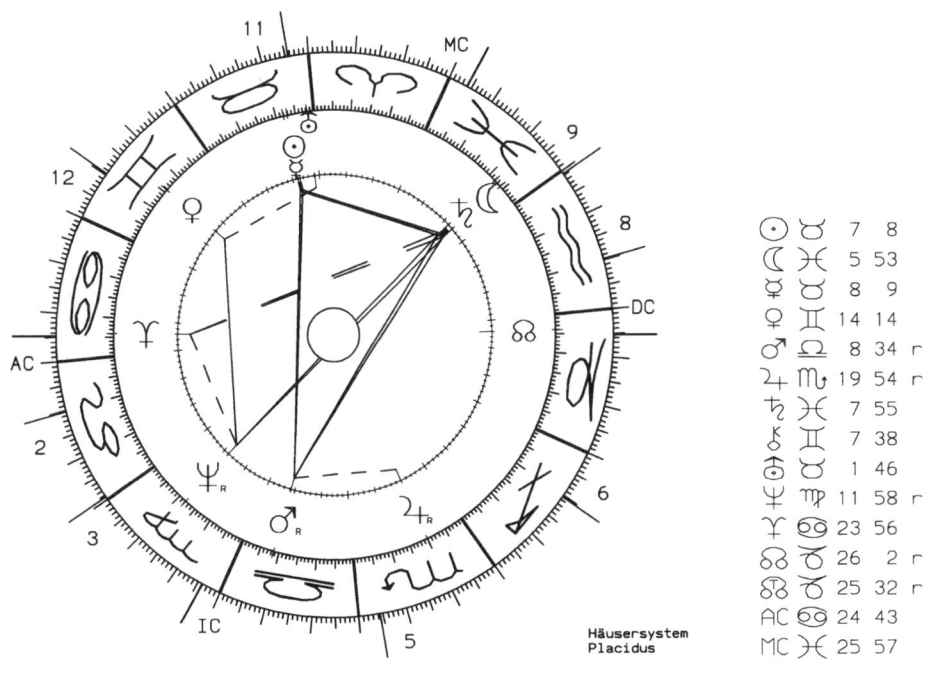

KARIN (*Radixhoroskop*)

tion). Während der ersten Sitzung streicht sie sich öfters die Haare glatt, hält sich mit beiden Händen am Stuhl fest und rückt auch manchmal mit beiden Händen gleichzeitig die Brille zurecht. Solche Handlungen sind Ersatzgesten, mit denen psychische Unsicherheiten kompensiert werden. Wenn sich Karins Verkrampfung löst, kann sie jedoch auch sehr spontan sein (Sonne/Uranus-Konjunktion) – anders als Arnold.

Ungleich unserem vorigen Fall hatte die schwache Mondstellung keine Magenstörung im Gefolge. Trotzdem ist Karins Umgang mit dem Thema Nahrung zuweilen zwanghaft. Essen dient ihr als Ersatz für Zuwendung. Überhaupt ist ihr alles, was mit Küche und Kochen zusammenhängt, wichtig: Sie hat ein ausgesprochenes Faible für Küchenmaschinen und sammelt solche Geräte. Als Lehrerin hatte sie mit dem Fach Hauswirtschaft zu tun. Des weiteren hat sie Sprachen unterrichtet (Sonne/Merkur-Konjunktion, Merkur Sextil Mond, Venus in Zwillinge).

Wie bei Arnold lässt sich die Stier-Sonne als ein Drang zur materiellen Absicherung deuten (auch Merkur im Stier). In Verbindung mit der Tendenz, nicht loslassen zu können (Mond/Saturn), stapelt sie Unterlagen und Gegenstände aus vergangenen Zeiten, die sie eigentlich nicht mehr bräuchte. Doch auf irrationale Weise vermitteln ihr diese Dinge eine Form von Sicherheit.

Zum Abschluss dieses ersten groben Blicks auf das Geburtshoroskop wollen wir noch erwähnen, dass Karin ein sehr freundlicher und hilfsbereiter Mensch ist; sechs Planeten und der Aszendent befinden sich in Wasserzeichen. Wie bei vielen Menschen, die den Mond in den Fischen haben, ist sie nahe «am Wasser gebaut».

In der zweiten Sitzung erzählte mir Karin eine kurz zuvor erlebte Vision:

Der Himmel hat eine rötliche Färbung. Himmel und Wasser (Meer) fliessen in eins zusammen. In der Ferne sehe ich Bilder oder Fotos, die umkippen. Irgendwie ist da auch eine Szene, als ob ich im Mutterleib wäre.

Astrologisch gesehen, stellt sich die Frage, ob das Meer (Neptun) und der Mutterleib (Mond) im Transitgeschehen wiederzufinden sind: Tatsächlich befand sich der laufende Jupiter gradgenau auf dem Radix-Neptun und aktivierte somit die Mond/ Neptun-Opposition im Geburtshoroskop. Diese Opposition symbolisiert eine starke psychische Sehnsucht, die jedoch durch die Mond/Saturn-Konjunktion gehemmt wird. Ähnlich wie bei Arnold, der eine Mond/Neptun-Konjunktion hatte, zeigt sich jedoch manchmal eine *Tendenz* zu suchtartigem Verhalten. Karin nahm zeitweise viele Schlaftabletten und trank auch «über den Durst». alkohol- oder medikamentenabhängig war sie jedoch nie.

Karin fragte sich, was die geschilderte Vision bedeuten könnte. Mit einiger Sicherheit können die Bilder als eine Warnung vor dem Verlust des Wachbewusstseins verstanden werden. Wer in das Meer oder in den Mutterleib eintaucht, befindet sich in der Welt des Träumens und ist regrediert. Zu den Fotos fiel Karin ein: «Meine Bilder der Wirklichkeit kippen ins Wasser.» Wasser verkörpert die Gefühlswelt und das Unbewusste, und so ist eventuell zu erwarten, dass Karin zur Zeit sehr labil ist oder es noch werden wird. Ihren Aussagen nach ist jedoch in ihrem jetzigen Alltagsleben alles «normal».

In der vorletzten Nacht hatte Karin zwei Träume. Wie wir beide jetzt noch nicht wissen, kündigt Traum I eine folgenreiche Entwicklung an.

TRAUM I

Ich sehe einen grossen, dicken Mann. Er will etwas Sexuelles von mir. Ich habe Angst und laufe vor ihm weg.

KARINS ASSOZIATIONEN

DICKER MANN: «In meinem Leben gibt es keinen dicken Mann. Ich habe nicht die geringste Ahnung, wer das sein soll oder für was er stehen könnte.»

SEXUALITÄT: «Damit ist es bei mir nicht immer einfach.»

Unter den zehn Planeten ist es zweifellos Jupiter, den man mit dem «grossen, dicken Mann» identifizieren muss. Neben dem schon erwähnten Übergang des laufenden Jupiters über den Radix-Neptun bestand gleichzeitig ein Transit der drei laufenden Planeten Sonne, Mars und Pluto über den Radix-Jupiter im fünften Haus! Jupiter ist somit gleich mehrfach ausgelöst. Ferner transitierte auch die laufende Venus über den Radix-Mars.

Während der Sitzung können wir diesen Traum nicht auf Karins aktuelles Leben beziehen; Karin ist deshalb ein wenig enttäuscht. Doch da für das Unbewusste Vergangenheit, Gegenwart und Zukunft nicht streng voneinander unterschieden sind, verstehen wir diesen Traum vielleicht erst im nachhinein (wenn wir ihn mit der ebenfalls noch rätselhaften Vision verknüpfen). Halb im Scherz sage ich zu Karin: «Dann wollen wir einfach mal abwarten, bis der grosse Dicke kommt.»

In derselben Nacht hatte Karin noch einen zweiten Traum, den wir jedoch aus Zeitgründen erst in der folgenden Sitzung besprechen konnten. Wegen der Zeitgleichheit gelten für Traum II dieselben Transite wie für Traum I. Thematisch werden Erotik (fünftes Haus), Brutalität und Tabus miteinander verknüpft (Sonne/Mars/Pluto-Konjunktion).

TRAUM II

Qualvolles Leben, qualvolle Gefühle. Im Traum bin ich Herberts Verlobte. Herbert gerät immer mehr in ein schlechtes Fahrwasser. Er verändert sich zu seinen ungunsten. Früher konnte ich zu ihm aufschauen, nun jedoch ist er ein Zyniker geworden. Alles wird von ihm in den Dreck gezogen: Liebe, Treue, Ideale, Glauben … Alles Bürgerliche ist ihm verhasst. Herbert ist an der Eröffnung eines Eroscenters beteiligt. Aus Anhänglichkeit zu ihm gehe ich mit. Herbert zwingt mich zur Prostitution. Zweimal gebe ich mich für

160 DM hin. Ich beobachte dabei meine Gefühle ganz genau. Mein Empfinden kann ich «auf Knopfdruck» abstellen. Ich bringe es fertig, gar nichts zu fühlen. Ich beobachte jeden Schritt, ich bin dabei eiskalt. Und es geht so … Es macht nicht viel aus.

Hinterher bekomme ich dann aber doch einen geistigen Ekel vor diesem Tun. Ich will da weg. Geld und Kleider bedeuten mir nichts. Stundenlang rede ich auf Herbert ein: Er soll sich ändern. Wohin kämen wir auf der Welt, wenn alle so zynisch wären? Er kapiert das aber nicht oder er will es nicht. – Ich kämpfe um Herbert – vergeblich. Am Ende überlege ich, dass ich mich von ihm trennen muss. Doch ich habe solche Angst davor.

Ich gehe aus dem Center UND NEHME MEINEN SCHMUCK ABER MIT. Ich weiss nicht, warum mir das wichtig erscheint. Ich wache zerquält auf und schlafe wieder ein (real). Noch ist die Trennung von Herbert nicht gelungen. Ich weiss aber, dass ich weg muss … Ich fühle mich ziemlich gestresst von dem Kampf mit ihm, bin erschöpft. [Hervorhebung durch Karin.]

KARINS ASSOZIATIONEN

HERBERT: «Mein letzter Partner, der mittlerweile verstorben ist. Herbert war kein zärtlicher Mann. Die Beziehung war sehr schwierig. Immer wollte ich mich von ihm lösen, doch bis zu seinem Tod ist es mir nicht gelungen.»

IDEALISMUS/ZYNISMUS: «Ich bin eher ein Idealist, doch die Männer, mit denen ich zusammen war, waren meist Zyniker.»

EROSCENTER: «Da verkaufen Frauen ihren Körper. Die Adoptivmutter schimpfte mich immer ‹Hure›, obwohl ich zu jener Zeit noch gar nichts mit Männern gehabt hatte. Meine leibliche Mutter nannte sie ‹Soldatenliebchen›.»

160 DM: «Keine Einfälle.»

PROSTITUTION: «Sex für Geld.»

KLEIDER, GELD: «Ich besitze sehr, sehr viele Kleider. Als Lehrerin hatte ich dauernd neue an.»

ALTE IDEALE: «Vielleicht sind das die Ideale, die ich einmal hat-
   te.»
SCHMUCK: «Ich liebe meinen Schmuck.»
ERSCHÖPFUNG: «Zur Zeit fühle ich mich nicht erschöpft.»

Um die beschriebene Vision mit Traum I und Traum II inhaltlich
zu verbinden, muss ich zeitlich etwas vorgreifen. Zirka 14 Tage
später lernte Karin tatsächlich den grossen «Dicken» kennen!
Wie im Traum geschildert, war er sexuell hinter ihr her. Im Gegensatz zum Traum jedoch lief sie nicht vor ihm weg, sondern
liess sich auf ihn ein – wenn auch mit sehr zwiespältigen Gefühlen. Sie hatte die deutliche Empfindung, dass dies der «falsche
Mann» für sie sei.
   Wie man hier sieht, lassen sich manche Träume erst mit zeitli-
chem Abstand verstehen. Auch die Bedeutung des Herbert-
Traums wird jetzt noch klarer. Das Unbewusste weist auf einen
zukünftigen Mann hin (der Dicke), der ähnlich veranlagt ist wie
Herbert und auch ähnliche Probleme wie damals bescheren
könnte.
   Es ist faszinierend zu sehen, wie das Unbewusste kommentie-
rend auf zukünftige Entwicklungen eingeht. Auch die berichtete
Vision lässt sich jetzt interpretieren: Es stehen psychische Veränderungen bevor, die möglicherweise für Karin den Verlust des
kontrollierenden Bewusstseins bedeuten. Meer und Unterleib
versinnbildlichen das Abtauchen in unbewusste Schichten.
   Eine der intensivsten Erfahrungen eines solchen «Abtau-
chens» ist das Verlieben. Die ganze Wahrnehmungsstruktur des
Verliebten steht im Bann des kollektiven Unbewussten; er denkt
und fühlt nicht mehr wie ein «normaler Mensch». Wenn Liebende
beispielsweise sagen, dass sie ekstatisch und wahnsinnig von ihren
Gefühlen werden, so verdeutlicht dies plastisch das Gesagte. Im
Hintergrund steht hier die Urerfahrung der Hochzeit von Sonne
und Mond («Mystische Hochzeit»).

Viele Menschen, die von Amors Pfeil getroffen werden, regredieren: sie werden zum (liebes-) süchtigen Kind. Die Gefühle aus dem «Bauch» werden so intensiv, dass der kritische Verstand ausgeblendet wird: mögliche Schattenseiten am Partner kann und will man sich nicht zugestehen. Auch der Tod eines geliebten Menschen oder andere aussergewöhnlichen Ereignisse des Lebens können uns einen teilweisen Bewusstseinsverlust erleben lassen. Wer beispielsweise tief verzweifelt ist, starrt oft stundenlang vor sich auf einen imaginären Punkt – er kann gar nicht anders; Zeit und Raum werden, ähnlich wie bei Liebenden, nicht mehr bewusst wahrgenommen. Das Starren auf einen Punkt lässt sich dabei als ein «Heilungsreflex» des Unbewussten verstehen. Wie wir in *KAPITEL I* gesehen hatten, haben Philosophen und Alchemisten die Seele als das «Runde» empfunden. Indem wir uns auf einen Kreis (Ganzheit) konzentrieren, setzt eine psychische Zentrierung ein, und wir können nach und nach wieder auf unseren Kern zurückkommen.

Kehren wir zurück zu Traum II. Karins Assoziationen zu «Zynismus, Idealismus» zeigen, dass sie ihre marsischen Kräfte zu wenig verwirklicht hat und ihr deswegen oft rücksichtslose Männer über den Weg laufen. Auf diese Weise kann sie lernen, ihren Widerstand zu entwickeln. Im Radixhoroskop deutet der Waage-Mars auf eine eher verhaltene Durchsetzung hin. Durch die aktuelle Sonne/Mars/Pluto-Konjunktion auf dem Radix-Jupiter im Skorpion rückt das Thema Aggression wieder in den Vordergrund. Die Beziehung von Mann und Frau wird im Transitgeschehen durch die Konjunktion der laufenden Venus mit dem Radix-Mars angekündigt (im Zeichen Waage).

Das Eroscenter ist zweifellos ein Bild, das wir dem Reich Plutos zuordnen können. Karins Spontaneinfälle lassen erkennen, wie die Adoptivmutter ihre Triebkonflikte auf die Tochter übertragen hat (Projektion). Mit den Wirkungen dieser Übertragung hat sich Karin noch heute auseinanderzusetzen. Karin lernte von

Anfang an, dass die Menstruation und überhaupt alles Weibliche minderwertig ist (Mond/Saturn-Konjunktion). In der Traumsprache klingt das alles sehr hart: «Empfinden auf Knopfdruck abstellen», «Ich bin dabei eiskalt», «Ich bringe es fertig, gar nichts zu fühlen.» Mit diesem Minderwertigkeitskomplex die eigene Weiblichkeit betreffend, hat Karin Männer angezogen, die ihre negative Sichtweise bestätigt haben, beispielsweise Herbert.

Wie Arnold hat auch Karin (unbewusst) eine materielle Einstellung zu Partnerschaft und Sexualität entwickelt. In der Traumsprache wird diese Einstellung «Prostitution» genannt. Was hier stattfindet, ist eine Verschmelzung des gegengeschlechtlichen Bildes (Herbert bzw. der Animus) mit der eigenen Negativität (Schatten). Eine solche Entwicklung ist nicht ungefährlich. Immer ist es das andere Geschlecht, das an allem schuld ist ... Karin muss sich also mit der eigenen Negativität auseinandersetzen, um den verzauberten Animus zu erlösen.

In diesem Zusammenhang erinnere ich mich an eine Klientin mit einem stark plutobetonten Horoskop, in dem der Neptun im siebten Haus stand. Innerhalb eines Zeitraumes von dreieinhalb Jahren erlebte sie *dreimal* folgendes: Sie verliebt sich in einen Mann, den sie nach einer gewissen Zeit mit in ihre Wohnung aufnimmt. Eines schönen Morgens sind dann alle Schecks, Bargeld und Wertgegenstände verschwunden – inklusive Mann, der nie mehr gesehen ward. Oberflächlich betrachtet, könnte man der Frau recht geben, wenn sie sagt: «Die Männer sind alle Verbrecher.» Doch tiefenpsychologisch gesehen, besitzt die Frau einen «kriminellen Animus». Bevor sie sich nicht mit ihrem eigenen Charakter auseinandersetzt, wird sie immer wieder Männer anziehen, die ihre Meinung bestätigen. Astrologisch gesehen, wird Neptun im siebten Feld auf seiner niedrigsten Entsprechungsebene gelebt: Betrug durch den Partner. Anklänge an das hier Gesagte können wir auch bei Karin finden: Sie hat eine Venus/Neptun-Quadratur. Die höchste Entsprechung einer solchen Konstellation ist leider in der Realität nur sehr schwer zu erreichen: gemeinsame Spiritualität in der Partnerschaft.

Karins unbewusste materielle Sichtweise von Beziehungen kommt teilweise im Umgang mit Geld, Kleidern und Schmuck zum Ausdruck (vgl. die Assoziationen). Im Traum ist sich *eine* Seite in ihr über die letztliche Bedeutungslosigkeit des Materiellen bewusst: «Geld und Kleider bedeuten mir nichts.» Kurz darauf heisst es jedoch: «Ich gehe aus dem Center und nehme meinen Schmuck aber mit», wobei die zweite Hälfte des Satzes von Karin unterstrichen wurde. Wichtig ist auch der sich direkt anschliessende Satz «Ich weiss nicht, warum mir das wichtig erscheint.» Die Ursache, warum ihr Wertgegenstände so wichtig sind, ist ihr nicht bewusst. Die Energie konzentriert sich hier auf Materielles, weil die Kindheit gezeigt hat, dass sich nur im Materiellen ein «wahrer Wert» spiegelt. Mit den leiblichen und den Adoptiveltern hat sie die Erfahrung gemacht, wie unzuverlässig und «wertlos» menschliche Zuneigung ist. Dieses Muster, an dem sowohl bei Arnold als auch bei Karin die Mond/Saturn-Aspekte mitbeteiligt sind, muss heute gelöscht werden.

Ohne sich dessen bewusst zu sein, hat Karin im Laufe der Zeit eine immer zynischere Einstellung gegenüber Partnerschaften entwickelt. Erlebt wird diese Einstellung in der Projektion (Identität von Animus und Schatten). In einem ihrer Spontaneinfälle klingt dieser Zusammenhang auch ein wenig an (siehe die Assoziationen zu «alte Ideale», von denen im Traum die Rede ist). Eine bevorstehende Neuorientierung in den Wertvorstellungen ist im Transitgeschehen durch Plutos Konjunktion mit dem Radix-Jupiter angezeigt.

Im Verlauf der Traumhandlung ahnt auch das Traum-Ich, dass es sich von seiner bisherigen Vorstellung von Partnerschaft – verkörpert in Herbert – lösen muss. Die Probe aufs Exempel steht in Gestalt des «Dicken» vor der Tür; doch weder Karin noch ich wissen zum Zeitpunkt der Traumbesprechung, wie aktuell die

Bilder des Unbewussten in den nächsten Tagen und Wochen werden. Wie der Traum zeigt, hat Karin grosse Angst, sich aus solchen kritischen Beziehungen wieder herauszulösen. Die hier beschriebenen Kämpfe wird Karin demnächst mit ihrem neuen Partner durchfechten.

Wenn es im Traum heisst: «Noch ist die Trennung von Herbert nicht gelungen», so will dies sagen, dass Karin die Erneuerung ihrer männlichen Seite (Animus) noch nicht geglückt ist; sie muss sich innerlich und – je nach Situation im realen Leben – auch äusserlich kritisch mit ihrer Sicht des Männlichen auseinandersetzen. In diesem Zusammenhang ist der mittlerweile schon verstorbene «Herbert» vor allem als innere Realität, als Symbol zu betrachten. Die im Traum erwähnte «Erschöpfung» in der Auseinandersetzung mit «Herbert» nimmt prophezeiend die schlaflosen Nächte vorweg, die Karin demnächst «zerquält» im Bett verbringen wird.

Als ich bei der nächsten Sitzung Karin die Haustüre öffne, traue ich meinen Augen kaum: Sie sieht um zehn Jahre jünger aus! Die Wangen sind gerötet (kein Make-up!), die Augen strahlen, die Haut wirkt jung und frisch … Es ist schon erstaunlich, wie die hormonale Umstellung eines verliebten Menschen sein Aussehen verändert (aktuelle Venus/Mars-Konjunktion auf Karins DC!). Künstlich verändert sind nur die Haare, deren dezente Rotfärbung Karin jedoch gut steht. Unser Gespräch eröffnet sie spontan mit dem Ausspruch: «Stellen Sie sich vor, der Dicke aus dem Traum ist tatsächlich gekommen!»

Wie schon berichtet, hat sich Karin allerdings nur widerstrebend auf den Mann eingelassen. Er ist verheiratet und hat auch Kinder. An Scheidung denkt er in keiner Weise. Mit der Ehefrau sei er, wie Karin erzählt, meist impotent und deshalb wolle er sich's nebenher noch «anderweitig angenehm machen». Obwohl Karin erkannt hat, dass hier keine Basis für eine stabile, offene Beziehung gegeben ist, drängt sie ihr «Bauch» zu diesem Mann.

Mehrmals schon hat sie in dieser kurzen Zeit versucht, sich von ihm zu trennen. Allerdings gesteht sie, dass diese Versuche mehr als zaghaft gewesen seien. Bei diesem Mann werde sie einfach schwach … Wie Karin einräumt, hat sie Angst vor der eigenen Zivilcourage, und ausserdem hat sie vom Alleinsein die Nase voll.

Als Aussenstehender kann man nur schwer einschätzen, wohin der Prozess eines Menschen geht. Ist es vielleicht trotzdem für Karin sinnvoll, bei diesem Menschen zu bleiben, obwohl alle Zeichen dagegen sprechen? Aufschluss über diese Frage kann uns das Traumgeschehen geben.

Traum III fand unmittelbar vor unserem Treffen statt. Das Transitgeschehen zeigt eine Venus/Mars-Konjunktion, die über den Deszendenten lief und auch den Mondknoten berührte. Gleichzeitig bildeten Venus und Mars eine Opposition zum Radix-Pluto. Die transitierende Sonne und der laufende Merkur befanden sich im achten Haus. Insgesamt lässt uns die Transitlage einiges an Leidenschaftlichkeit erwarten.

TRAUM III

Ich mache mich über mich selber lustig. Ich liege mit einem vierzehnjährigen Jungen im Bett. Er hat einen sehr grossen Penis. Irgendwie schlafe ich vielleicht auch noch mit dem elfjährigen Jungen einer älteren Freundin. Meine Freundin kommt plötzlich die Türe herein. Sie ist jedoch nicht böse. Vermutlich werde ich doch noch vernünftig werden.

KARINS ASSOZIATIONEN

SICH ÜBER SICH SELBST LUSTIG MACHEN: «Ich benehme mich wie ein Teenager, total unreif.»

14JÄHRIGER JUNGE MIT GROSSEM PENIS: «Das kann nur Theodor (ihr Geliebter) sein. Er hat mir letztens im Bett erklärt, dass sein Penis viel zu gross für Kondome sei … Irgendwie kommt mir Theodor vor wie ein Schuljunge.»

ELFJÄHRIGER SOHN EINER FREUNDIN: «Keine Einfälle.»

FREUNDIN: «Meine Freundin sagt, ich solle die Beziehung beenden.»

BÖSE: «Ich habe ein schlechtes Gewissen.»

VERNÜNFTIG WERDEN: «Mir ist völlig klar, dass es das Vernünftigste wäre, diese Beziehung abzubrechen.»

Oberflächlich betrachtet, spiegeln die Venus/Mars-Konjunktion am Deszendenten in Opposition zu Pluto und die Aktivierung des achten Hauses durch Sonne und Merkur das sexuelle Abenteuer – in Realität und Traum – sehr gut wider. Doch darüberhinaus lässt sich das Pluto/achtes-Haus-Prinzip als psychische Grenzerfahrung, «Tod» und Metamorphose deuten. Hier geht es um mehr als nur um ein Abenteuer oder eine Gefühlsverirrung.

In der Beschreibung von Karins Fall kann ich leider nur sehr unvollkommen dem Leser vermitteln, wie psychisch angegriffen sich Karin während dieser Zeit gefühlt hat. Ihr aufgeblühtes Äusseres hat sich sehr rasch wieder zurückentwickelt … Tiefe Ringe unter den Augen zeugten von der nervlichen Anspannung. Auch Selbstmordgedanken gingen Karin des öfteren im Kopf herum. Der Sinn dieser Krise bestand für Karin darin, ihr altes Ego zu «töten». Diese Chance hat man nicht alle Tage. Jahrelange, festzementierte Angstschwellen lassen sich in den meisten Fällen (leider) nur durch Schmerz und Leid überwinden (Pluto/Skorpion/achtes-Haus-Prinzip). Als Belohnung jedoch winkt die Geburt in ein neues Leben.

Wie der Traum und Karins Assoziationen zeigen, ist ein Neubeginn nur ohne Theodor denkbar. Der Traum und die Realeinfälle vergleichen ihr jetziges Leben mit dcm cincs Tccnagcrs. Auch Theodors Märchen von seinem übergrossen Penis scheint eher von einem Pubertierenden zu stammen als von einem erwachsenen Mann. Karins unreife Haltung zum Männlichen kommt in dem Spiel mit den Lebensaltern sehr anschaulich zum

Ausdruck. Die Sexualität scheint jedenfalls – für beide – eine «grosse» Rolle zu spielen. Der Wechsel von dem vierzehnjährigen Partner zu dem elfjährigen kann als Steigerung der Animus-Unreife angesehen werden. Ferner zeigt sich hier eine Parallele zu dem Bordell-Traum: Der Wechsel des Sexualpartners verdeutlicht, dass der Mann nur in seiner Sexualfunktion gesehen wird; seine Individualität als seelisches Wesen ist zweitrangig. Ausserdem zeigt die Verdopplung des unreifen Animus, welche grosse Macht hinter ihm steckt.

Ähnlich wie der Animus sowohl auf der inneren wie auch auf der äusseren Ebene (Theodor) gedeutet werden kann, gilt gleiches für die Freundin im Traum und in den Einfällen. Einerseits ist sie die tatsächliche Freundin, die den Rat zur Beendigung der Beziehung gibt, andererseits stellt sie eine innere weise Seite in Karin dar, die ihr jetzt helfen kann. Diese weibliche Hilfsfunktion macht Karin klar, dass die Sexualität an sich nicht «gut» oder «böse» ist. Jedenfalls wäre für Karins Individuationsprozess *nichts* gewonnen, wenn sie die Beziehung – das Wort Partnerschaft vermeide ich absichtlich – nur wegen ihres schlechten Gewissens beenden würde (vgl. Karins Assoziation zu «böse»). Die Botschaft der Freundin im Traum ist demnach für Karin sehr wichtig: Der einzige Grund, mit Theodor Schluss zu machen, ist die Erkenntnis einer inneren Entwicklungsnotwendigkeit. «Vernünftig» zu sein heisst hier, dem zu folgen, was das Selbst von uns fordert.

Traum IV fand in derselben Nacht statt wie Traum III und somit gelten hier die oben erwähnten Transite.

TRAUM IV

Eine grosse Landschaft liegt vor mir. Unter Persern wird Land aufgeteilt. Ich gehe mit einigen Persern in den Zoo oder in den Zirkus. Am Kiosk des Zoos oder Zirkus kaufen die Perser Naschwerk und «69-Spiele». Auch ich bin ein Perser und kaufe das Naschwerk und das Spiel, weil ich die Erinnerung (Nostalgie) an meine Heimat damit fördern will.

KARINS ASSOZIATIONEN

LANDSCHAFTSAUFTEILUNG: «Der Raum zum Leben wird aufgeteilt.»

ZOO: «Da gibt es viele Tiere.»

ZIRKUS: «In der Beziehung zwischen mir und Theodor geht es zu wie in einem Zoo oder einem Zirkus – einfach wie die Tiere ...»

NASCHWERK UND «69-SPIELE»: «Dazu fallen mir sexuelle Praktiken ein, die Theodor mit mir ausüben will; ich mache allerdings nicht bei allem mit.»

HEIMAT: «Ich habe mich in meinem Leben nirgends zu Hause gefühlt.»

Die Grundaussage dieses Traumes ist ähnlich wie die des vorangegangenen. Unter den schon aufgezählten Transiten sollten wir vielleicht noch genauer auf den Übergang von Mars und Venus über den Radix-Mondknoten eingehen. Wenn wir Mars/Venus als Leidenschaft und «Kampf der Geschlechter» verstehen, so können wir Mondknoten im siebten Haus als die Aufgabe betrachten, einen tiefen seelischen Kontakt mit dem Gegenüber herzustellen. Dieser Transit kann also als Positionsbestimmung gesehen werden: Kann ich Sexualität und ein seelisches Verständnis harmonisch miteinander verbinden oder will ich eine Beziehung, in der ich entweder die körperliche oder die geistige Seite abspalten muss?

An Hand der Realeinfälle deutet sich Traum IV fast von selbst. Die Beziehung mit Theodor übt auf Karin einen fremdartigen, faszinierenden Reiz aus («Perser»), und doch ist das Land der Perser nicht ihre eigentliche Heimat. Trotz einer inneren Reserve beteiligt sich Karin an der Erfüllung von Theodors sexuellen Wünschen. Wenn Karin jedoch im Traum sagt, sie sei ein Perser, verleugnet sie damit ihr Geschlecht. Warum sagt sie nicht «Perserin»? Unbewusst identifiziert sich Karin mit den Vorstellungen ihres Schatten-Animus. Auch im realen Leben hat sie sich immer den Vorstellungen der Männer untergeordnet.

Im Mittelpunkt des Traumes steht die augenblickliche Funktion der Sexualität in Karins Leben. Zweifellos erlebt sie die Sexualität aus der männlichen Perspektive (die Blockierung des Weiblichen hatten wir schon früher auf die Mond/Saturn-Konjunktion zurückgeführt). Vor allem geht es darum, *warum* Karin ein «Perser» ist: Karin beteiligt sich an Theodors sexuellen Spielen aus «nostalgischen Gründen» (Heimat): Weil ihr die psychische Geborgenheit, der «Mutterschoss» (Heimat!) früher gefehlt hat, versucht sie durch die Zuwendung in sexueller Form diesen Mangel (unbewusst) wieder auszugleichen.

Wenigstens für den Augenblick des Orgasmus ist der Mensch psychisch nicht mehr isoliert und fühlt sich im Kontakt mit dem Du aufgehoben. Wie die Sexualität mit der psychischen Situation verknüpft ist, habe ich an anderer Stelle versucht am Orion-Mythos aufzuzeigen.[16] In astro-mythologischer Perspektive ist es bemerkenswert, dass der Vergewaltiger Orion von einem Skorpion gestochen wird, der anschliessend als gleichnamiges Tierkreiszeichen bzw. Sternbild an den Himmel gesetzt wurde.

Am Ende unseres Gesprächs sagt Karin: «Mir ist klar, dass ich etwas tun muss. Der Traum hat bestätigt, was ich empfinde.» Nach dieser für Karin wichtigen Sitzung und vor allem nach etlichen Streitereien mit Theodor kam es tatsächlich zur Trennung. Telefonisch allerdings bestand noch Kontakt.

In einem Traum, der *nach* der Trennung stattfand, erlebt Karin, wie sie mit Theodor unterwegs ist. An Details konnte sie sich nicht erinnern. Es war ihr nur noch im Gedächtnis haften geblieben, dass sie in Rivalität zu einer anderen Frau stand. Als Assoziation fiel ihr dazu ein, dass eine Freundin von ihr Theodor Arm in Arm mit einer anderen Frau gesehen hatte (es handelte sich nicht um die Ehefrau). Erinnerlich war ihr auch noch der Schluss des Traumes. Eine Stimme sagte in eindringlichem Ton: «Es wird alles wieder von vorne losgehen.»

Dieser letzte Satz des Traumes kann als eindeutige Warnung an Karin aufgefasst werden. Der Archetypus des Selbst, jene geheimnisvolle, weise innere Instanz, über die wir nichts aussagen können, erscheint im Traum nicht selten als «eine Stimme», «jemand» oder in der Redewendung «Im Traum war mir absolut klar, dass ...» Auch im Wachbewusstsein kommen wir manchmal mit diesem Archetypus in Kontakt, vor allem in aussergewöhnlichen Lebensumständen (beispielsweise «Eingebungen»).

Die Botschaft jener erwähnten Stimme im Traum muss ich Karin nicht deuten. Sie weiss selber genau, wie beeinflussbar sie ist – auch Theodor weiss das ... Sie sagt mir, dass sie die Botschaft ernst nehmen will.

Was das Transitgeschehen betrifft, können in bezug auf diesen fragmentarischen Traum keine Angaben gemacht werden; Karin hatte sich diesmal nicht notiert, an welchem Tag der Traum stattgefunden hatte.

Wie ich schon fast erwartet hatte, erzählte mir Karin bei unserem nächsten Termin, dass sie wieder «schwach» geworden ist. Die Warnung des Traumes sei ihr zwar gegenwärtig gewesen, doch sie habe wieder einmal nicht anders gekonnt. Der von ihr mitgebrachte Traum kommentiert die eingetretene Situation auf amüsante Weise.

In der Nacht von Traum V standen die drei laufenden Planeten Venus, Mars und Saturn auf der Spitze des achten Hauses. Von den zwölf Feldern des Horoskops sind es die drei «Wasserhäuser» (viertes Haus, achtes Haus und zwölftes Haus), bei denen die psychische Dynamik besonders stark ist. Im weiteren Transitgeschehen befand sich die laufende Sonne auf dem Radix-Mond in Opposition zu Neptun. Da zusätzlich auch der Radix-Neptun immer noch vom laufenden Jupiter durch eine Konjunktion akti-

tion aktiviert wird, lässt jener antike Meeresgott nicht lange auf sich warten.

TRAUM V
Meine Küche steht unter Wasser. Sturzbäche ergiessen sich aus dem Spülbecken. Es stinkt gewaltig! Mit Eimern werde ich wohl alles wieder beseitigen müssen.

KARINS ASSOZIATIONEN
KÜCHE: «Haushalt, Kochen, Ehe, Zusammenleben mit einem Mann. Ich koche gerne – nicht nur für mich, sondern auch für andere.»

SPÜLBECKEN: «Reinigung; Abwasser fliesst normalerweise nach unten.»

STURZBACH: «Irgendwie muss ich an eine Sturzgeburt denken, eine zu schnelle Geburt, Abtreibung, in der Gosse landen. Pfui, durch den Sturzbach stinkt es jetzt.»

STINKEN: «Das ist unangenehm. Damit will ich nichts zu tun haben.»

EIMER: «Aufputzen.»

Die Küche bedeutet für Karin «Ehe» bzw. «Zusammenleben mit einem Mann». Wir wissen, wodurch die «Ehe» kaputt gemacht worden ist: Es ist die paradoxe Wahrheit des Traums, dass Karin ihre Möglichkeit einer glücklichen Partnerschaft («Ehe») durch die erneute Entscheidung für Theodor zunichte gemacht hat. Anders ausgedrückt: Eine Beziehung verhindert eine (echte) Beziehung. Im Traum steht Karin das Wasser zwar noch nicht bis zum Hals, doch das Bild der überfluteten Küche verdeutlicht den Einbruch unbewusster Kräfte. Karin ist wieder zurückgegangen in das neptunische Reich der Verdrängungen (Sonne Opposition Radix-Neptun, Jupiter Konjunktion Radix-Neptun). Die Gefühle (Element Wasser) werden zum «Schadensfall»: Es stinkt gewal-

tig ... Dort, wo eigentlich die Reinigung stattfinden soll (Spülbecken), kommt der «alte Mist» wieder hoch. Karins «Sturzgeburt» bzw. die Einfälle zu «Sturzbach» untermauern das bislang
Gesagte: Ihre Entscheidung für Theodor war nicht nur eine «zu
schnelle Geburt», sondern sogar eine «Abtreibung», eine Abtreibung ihrer psychischen Neugeburt nach der Trennung.

In der Folgezeit litt Karin «wie ein Tier» (Zitat). Es war, wie
sie sagt, «nicht mehr zum Aushalten»: Theodor schlief mit einer
von Karins Freundinnen, und so pendelte sie anschliessend zwischen Hass und depressiven Phasen hin und her. Nachdem ihr
auch (nicht ganz ernsthafte) Selbstmordgedanken gekommen waren und sie mit ihrer nervlichen Kraft am Ende war, gelangte sie
zu der Erkenntnis, «dass es dieser Mann nicht wert ist, dass es mir
so schlecht geht.»

Anschliessend stieg Karin wie Phönix aus der Asche geläu-
tert aus dem Krisensumpf hervor. Selbstbewusst sagte sie zu mir:
«Ich werde morgen nachmittag Theodor treffen. Aufgeregt bin
ich kein bisschen. Von innen heraus weiss ich, dass ich alles hinter
mir habe. Diesen Mann sehe ich morgen das letzte Mal. Ob er mir
glauben wird oder nicht, ist seine Sache.»

Die Tage des oben beschriebenen Leids waren astrologisch
begleitet von der Wanderung der drei laufenden Planeten Venus,
Mars und Saturn durch das achte Haus. In der Tat ist Karin symbolisch «gestorben» und «wiedergeboren» worden.

Besonders wichtig für die hier beschriebene Phase war auch
der Langzeittransit des laufenden Pluto über den Radix-Jupiter:
alte Meinungen und Wertvorstellungen wurden radikal transfor-
miert.

Zum Schluss bleibt noch anzumerken, dass es Karin heute
gut geht. Theodor hat sie tatsächlich nie mehr wieder gesehen.
Seit längerem ist sie glücklich mit einem neuen Partner zusammen. Was sie aus der Beziehung mit Theodor mit in die Zukunft
genommen hat, ist vor allem ein Zuwachs an innerem Mut.

IV. FALLBEISPIEL DAGMAR

Dagmar gehört zur selben Generation wie Karin. Von Beruf ist Dagmar Ärztin für Orthopädie. In einer kleinen Stadt führt sie eine gutgehende Praxis. Weniger befriedigend war ihr bisheriges Privatleben. Eine Ehe, aus der zwei mittlerweile fast erwachsene Söhne hervorgingen, wurde schon vor längerem geschieden.

Um der Mutter, die von morgens bis abends hart arbeitet, einen Ausgleich zu verschaffen, haben ihr die Söhne vor einiger Zeit eine Karibikkreuzfahrt geschenkt. Diese Fahrt blieb nicht ohne Folgen. Auf dem Schiff lernte Dagmar den Amerikaner Jim kennen. Wie bisher alle ihre Partner hat Dagmar auch diesen auf dem Wasser kennengelernt – sei es nun auf einer Flussfähre oder auf einem Ozeandampfer. Zweifellos ist der Meeresgott Neptun in Dagmars Leben in die Rolle Amors geschlüpft. Doch Neptun im siebten Haus (!) steht hier nicht nur für die Art des Kennenlernens, sondern auch für das, was die beiden Verliebten die meiste Zeit des Jahres trennt: den Ozean …

Nachdem Jim Dagmar schon des öfteren in Deutschland besucht hat und auch Dagmar schon in den USA gewesen ist, stellt sich nun immer drängender die Frage nach der Zukunft dieser Beziehung. Da Jim in den USA eine Kette von Reisebüros managt und er in Deutschland kaum eine ähnliche Stellung finden würde, hat er Dagmar vorgeschlagen, sie solle ihre Praxis aufgeben und zu ihm in die USA ziehen. Doch Dagmar hängt an ihrer Praxis, weil sie ihr eine grosse Befriedigung verschafft.

Die beiden Söhne raten der Mutter, den Sprung über den Teich zu wagen. Dort könne sie endlich einmal all jenen Dingen nachgehen, zu denen sie zu Hause nicht komme: Literatur, Musik und vor allem Kunst. Wie Dagmar erzählt, würde sie gerne einmal wieder Cembalo spielen und auch ihr Talent zum Malen wieder pflegen. Eine andere Stimme in Dagmar jedoch sagt, dass sie sich in ihrem Alter doch nicht mehr auf Abenteuer einlassen könne. Bei einer Sonne/Uranus-Opposition, der Stellung von Sonne und Merkur im Skorpion im achten Haus und bei einer Mond/ Pluto-Quadratur mag uns ein solches Zögern verwundern.

Wie nicht wenige Menschen lebt Dagmar Teile ihres Horoskops in unerlöster, das heisst passiver Form. Ihr Bedürfnis nach Sicherheit (Mond im Stier und Saturn Spitze zweites Haus in indirekter Konjunktion mit Mond) hat sie bislang vor jedem Risiko im Leben zurückschrecken lassen. So hat sich beispielsweise die Sonne/Uranus-Opposition nicht in einem spontanen Verhalten niedergeschlagen, sondern nur indirekt in häufigen Wohnungswechseln, Ehescheidung und anderen Schicksalsschlägen ausgedrückt. In ihrem bisherigen Leben hat sich Dagmar auch noch nicht als «Skorpion» gefühlt. Wie sie mir gesteht, weiss sie erst seit der Beziehung mit Jim, was Leidenschaft ist. Erst heute ist sie «mit Haut und Haaren» verliebt. Früher wäre es keine Frage ge-

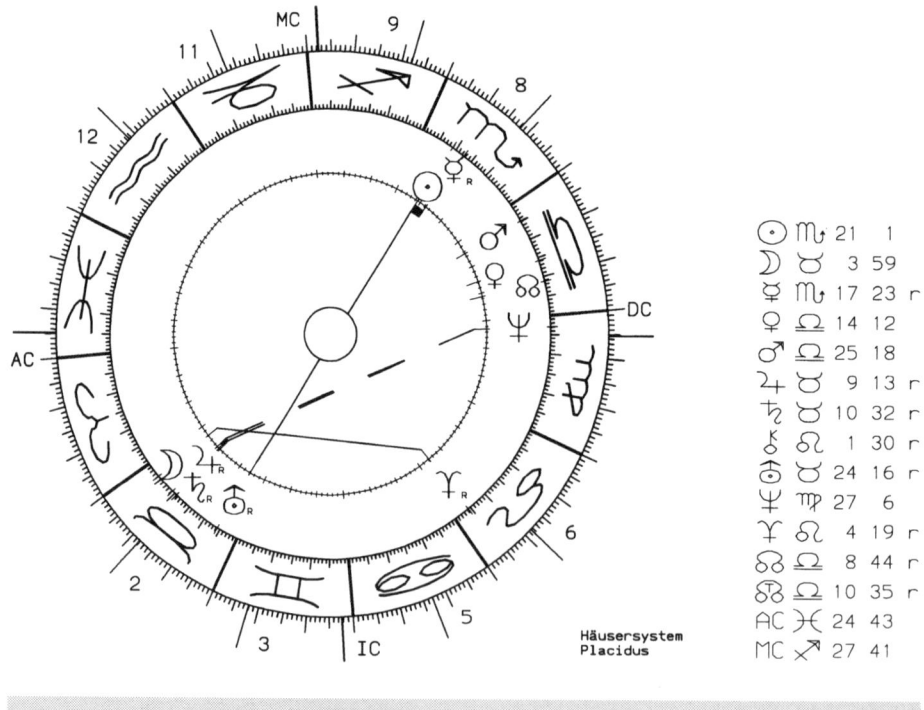

DAGMAR (*Radixhoroskop*)

wesen, dass sie sich gegen das Risiko und damit gegen Jim entschieden hätte.

Die jahrzehntelange Ausblendung ihres im Horoskop sichtbaren Gefühlshungers (genaue Mond/Pluto-Quadratur, Pluto im fünften Haus und Sonne/Merkur-Konjunktion im achten Haus) hat bei ihr die Krankheit Krebs verursacht; eine Brust musste ihr abgenommen werden. So wie es jedoch aussieht, ist die Krankheit überwunden. Das Bewusstsein, krebskrank zu sein, hat in Dagmar viele Veränderungen ausgelöst. So wurde ihr beispielsweise immer klarer, dass sie in der Vergangenheit «zu wenig gelebt» hat. Eine weitere Folge des Krebses war ihre Abwendung von Gott. Ihr naiver Jungmädchenglaube wurde zugunsten einer stark skeptischen Haltung aufgegeben.

An die Stelle des früheren unkritischen Gottesglaubens ist jedoch nicht nur eine areligiöse Haltung getreten, sondern auch ein zunehmendes Interesse an psychologischen Fragen. Dagmar hat in den letzten Monaten einige ihrer Träume aufgeschrieben und möchte nun einen davon mit mir besprechen.

Zum Zeitpunkt von Traum I liefen Merkur und Mondknoten durch das neunte Haus; Merkur und Mondknoten bildeten dabei eine Konjunktion. Ferner stand der laufende Jupiter auf der Radix-Venus. Im Gegensatz zu Traum IX von Arnold erleben wir diesmal jedoch kein amouröses Abenteuer.

TRAUM I

Ich habe eine Wohnung gekauft, worin sich ein besonderes Zimmer befindet, so eine Art «Heiligtum» meines Vorgängers. Es hat eine Art Altar, einen Thron. Der ursprüngliche Besitzer muss einer fremdartigen Religion angehört haben. Eigentlich hatte ich noch keine Zeit dazu, doch ich denke: «Eigentlich müsste ich die Wohnung und besonders dieses Zimmer renovieren!» Dann kommen meine Kinder. Sie wollen mir einen Laden zeigen, der im Untergeschoss des Hauses ist. Ich gehe mit ihnen. Wahrhaftig: Ich staune;

es ist ein toller Laden. Sie haben besonderes Porzellan, Schüssel für Spargel und Fisch in besonderen Formen. Die Inhaberin des Ladens zeigt mir sogar den lebenden Fisch für die Fischform. Er ist gross und rot, sie sagt «ein Rotkarpfen». Ich staune darüber, dass man einen solchen Fisch essen soll, noch nie habe ich so ein Tier gesehen. Was ich da wieder gelernt habe! Der Fisch hat sehr intelligente Augen.

DAGMARS ASSOZIATIONEN

WOHNUNG: «Die Wohnung im Traum glich einer Wohnung, die ich mal hatte und mit der ich unzufrieden war. Sie war hässlich. Meine jetzige Wohnung müsste dringend renoviert werden, vor allem die Tapeten.»

«HEILIGTUM» MIT THRON UND ALTAR: «Der Thron steht im Traum auf einem Podest. Alles wirkt königlich. Mit dem Altar verbinde ich Andacht und Opfer. Seit meiner Krebserkrankung habe ich den Glauben an Gott verloren, weshalb ich das Auftauchen eines Altars im Traum merkwürdig finde. Ich glaube, dass ich Gott wegen des Krebses sogar gehasst habe. Vielleicht komme ich über die Psychologie wieder zu Gott.»

URSPRÜNGLICHER BESITZER: «Der hatte tatsächlich Fische, doch keinen so beeindruckenden roten Karpfen.»

FREMDARTIGE RELIGION: «Dazu fallen mir Hinduismus und Buddhismus ein. Das könnte ganz interessant sein. Das ist faszinierend.»

RENOVIEREN: siehe bei «Wohnung».

KINDER: «Meine beiden Söhne sind vor kurzem aus dem Haus ausgezogen. Zur Zeit lebe ich allein im Haus.»

LADEN: «Ich liebe es, schöne Sachen zu kaufen. Doch meine Freunde sagen, dass das unchristlich sei, und dann habe ich ein schlechtes Gewissen.»

PORZELLAN: «Das ist sehr wertvoll. Ich habe zu Hause eine kleine Porzellansammlung.»

SPARGEL: «Etwas Besonderes. Das leiste ich mir nicht alle Tage.»

FISCH: «Fisch ist gut für meinen Krebs.»

KARPFEN: «Einer meiner Söhne hat gesagt, dass Karpfen viele Gräten haben und dass sie nicht schmecken.»

FARBE ROT: «Intensive Energie, Liebe. Eigentlich mag ich diese Farbe nicht, doch in letzter Zeit finde ich sie wieder etwas angenehmer.»

INTELLIGENTE AUGEN: «Hinter diesem Fisch verbirgt sich etwas Geheimnisvolles. So schaut kein normaler Fisch. Irgendwie mag ich diesen Blick. Überhaupt kann ich Dummheit bei Menschen nicht leiden.»

Von der Transitlage her gesehen, war das jovische Prinzip zum Zeitpunkt des Traumes auf allen drei Ebenen ausgelöst: Zwei Faktoren befanden sich im Tierkreiszeichen Schütze (Merkur und Mondknoten) und in Dagmars neuntem Haus. Ferner stand der transitierende Jupiter auf der Radix-Venus. Wenn auch vielleicht nicht von besonderer Bedeutung, so soll dennoch erwähnt werden, dass auch der Radix-Jupiter ins Geschehen integriert war: die laufende Fische-Venus und der laufende Krebs-Mars bildeten Sextile. Auf diese Weise stand der Radix-Jupiter in der Halbsumme eines aktuellen Venus/Mars-Trigons. Bei dieser Anhäufung von gleichgesinnten Faktoren darf es uns nicht wundern, dass es in diesem Traum um philosophische und religiöse Fragen geht.

Die Wohnung steht im Traum für die Art und Weise, wie man auf der privaten Ebene sein Leben gestaltet. Dagmar assoziiert zu «Wohnung», dass diese dringend renoviert werden müsste. Auch im Traum ist von einer Renovierungsbedürftigkeit die Rede. Es wäre hier sinnlos, den Traum dahingehend zu deuten, dass das Unbewusste Dagmar an die Instandsetzung der Wohnung erinnern wollte – dies weiss Dagmar ohnehin. Es liegt auf der Hand, dass hier die Lebenseinstellung überholungsbedürftig ist. In besonderem Masse gilt dies für das Zimmer mit dem Heiligtum: Somit ist es der Umgang mit dem Absoluten, den Dagmar aufs neue überdenken sollte.

In Dagmars Wohnung (im Traum) gibt es zwar einen Raum für Andacht und Religion, doch all dies ist «fremdartig». Wie ihre Spontaneinfälle zeigen, hat sie den Glauben an Gott verloren. Trotzdem existiert im Verborgenen noch eine Sehnsucht nach Gott: «Vielleicht komme ich über die Psychologie wieder zu Gott.» Der ursprüngliche Besitzer des Heiligtums ist zweifellos eine verlorengegangen geglaubte Seite in Dagmar.´ Vor ihrer Krebserkrankung hatte sie einen innigen Kontakt zu Gott gehabt. Dieser Glaube musste jedoch wegen seiner Naivität zusammenbrechen. Nach der Abwendung von Gott geht es nun darum, mit dem Heiligtum aus vergangenen Zeiten etwas Neues zu gestalten.

Zu ihrem früheren naiven Glauben gehörte auch die heute noch wirkende Vorstellung, dass man als religiös eingestellter Mensch den Genuss nicht kultivieren dürfe (vgl. die Assoziation zu «Laden»). Die angenehmen Seiten des Lebens sind mit Gott nicht vereinbar. Im Traum sind es die Kinder und somit (auf der Subjektebene gedeutet) die sich noch entwickelnden Seiten in ihr, die sie auf die Existenz der schönen Dinge im Leben (in ihrem Haus!) aufmerksam machen.

Im Zentrum des Traumes steht das Symbol des Fisches. Er ist sowohl ein weit verbreitetes Fruchtbarkeitssymbol als auch Christus und damit das Selbst. Die frühen Kirchenväter nannten die Gläubigen «Fische», und Christus wurde sowohl als Fisch («Ichthys») als auch als «Fischer der Menschenseelen» dargestellt. Ferner bildet Fisch zusammen mit Wein und Brot in den Mysterienreligionen und in der katholischen Kirche das Heilige Mahl.

Zu «Fisch» hatte Dagmar den Einfall: «Fisch ist gut für meinen Krebs». Ob dies tatsächlich der Fall ist, spielt für uns keine Rolle. Durch die Assoziation wird jedoch klar, dass Dagmar den Kontakt zur spirituellen Dimension herstellen muss, um dem Krebs auf Dauer Paroli bieten zu können. Mit «Krebs» ist natür-

Krebs auf Dauer Paroli bieten zu können. Mit «Krebs» ist natürlich auch der «psychische Krebs» gemeint – jene falschen Vorstellungen über das, was mit einem religiösen Leben vereinbar ist und was angeblich nicht. Bislang wurde die Spiritualität von Dagmar zu lebens- und körperfeindlich gedeutet. Der Fisch als Fruchtbarkeitssymbol und als Symbol des Selbst vereinigt beides. Wenn Dagmar in Zukunft zum «Fisch» werden soll, bedeutet dies, dass sie Lebensfreude und Religiosität in eine harmonische Beziehung zueinander bringen kann. Astrologisch gesehen, soll Dagmar tatsächlich zum «Fisch» werden: Sie ist Fische-Aszendent. In unseren Breiten ist dieses Aszendentenzeichen nur selten anzutreffen. Unterstützt wird unsere Deutung auch noch durch zwei andere Umstände: Der Fisch wird nicht etwa in einer Kirche, sondern in einem «Laden» im eigenen Haus bzw. unterhalb der Wohnung angetroffen. Ferner ist der Fisch für eine Porzellanform bestimmt. Porzellan steht aber in unserem Zusammenhang nicht für «Luxus» oder «Konsumrausch», sondern für einen zwanglosen Umgang mit dem Angenehmen des Lebens. Gerade die hier vom Unbewussten geschaffene Verbindung des Profanen mit dem Heiligen ist von höchstem Symbolwert.

Der Fisch im Traum ist nicht irgendeiner, sondern ein Rotkarpfen. Traditionell sah man früher in Karpfen ein Bild des Mutes, weil dieser Fisch gegen den Strom schwimmen kann. Dies ist etwas, was Dagmar noch lernen muss. In Asien ist der Karpfen ein Glückssymbol. Besonders in Japan verkörpert er die Liebe, weil die Wörter für Liebe und Karpfen ähnlich klingen. Im antiken Rom und in Griechenland galt der Karpfen als ein der Liebesgöttin Venus geweihtes Tier.

Dieser symbolische Hintergrund des Karpfens wird durch die rote Farbe und natürlich auch durch Dagmars Einfall («Liebe») bestätigt. Bislang hat sie Rot als Farbe noch nicht so gemocht, doch allmählich wird sie ihr etwas sympathischer – nicht zuletzt durch die psychische Veränderung, die die Begegnung mit Jim in ihr ausgelöst hat. Vorläufig allerdings ist der Karpfen noch nicht zu «ihrem» Fisch geworden. Die Söhne sagten ihr, dass dieser Fisch viele Gräten habe und nicht schmecke. Dagmar sträubt sich ein wenig gegen die Einverleibung dieses Karpfens. Andererseits hat der Fisch «intelligente Augen». Als Archetypus des Selbst verbirgt sich, um mit Dagmars Worten zu sprechen, «etwas Geheimisvolles dahinter», was man einfach mögen muss.

Zusammenfassend lässt sich sagen, dass der Traum eine menschenfreundliche und optimistische Betrachtungsweise über die Beziehung von Sinnsuche (Jupiter) und Liebe bzw. Genuss (Venus) ausdrückt. Allerdings lässt sich diese Botschaft nicht verallgemeinern. Sie gilt nur für Dagmar, um ihren Schuldkomplex aufzuweichen. Das Unbewusste versucht immer, die *falschen* Einstellungen zu korrigieren. Wer beispielsweise das Genussleben zu seiner Lebensmaxime erhebt, wird mit Sicherheit völlig andere Träume als Dagmar haben.

Dagmar ist ziemlich verblüfft, welche spirituelle Tiefe dieser auf den ersten Blick so unscheinbare Traum hat. Erstaunt sagt sie: «Damit hatte ich wirklich nicht gerechnet». Dieser Ausspruch erinnert an den vorletzten Satz des Traumes: «Was ich da wieder gelernt habe!» Eigentlich hatte Dagmar gehofft, dass der Traum sich direkt auf die Zukunft mit Jim beziehen lassen könnte. Doch die «Prioritätenliste» des Unbewussten ist eben nicht immer identisch mit der des Bewusstseins! Indirekt allerdings lässt sich dieser archetypische Traum auf Dagmars Frage beziehen. Der Traum macht ihr Mut, zu all ihren Bedürfnissen zu stehen – dazu zählt sicherlich auch die wertvolle Beziehung zu Jim. Noch ist es für Dagmar nicht zu spät, ihre jahrzehntelange Angst vor dem Risiko zu überwinden.

TRAUM II

Meine Praxis ist in einem grossen runden Raum, das heisst, die Praxis besteht nur aus der Untersuchungsliege, ansonsten ist der

Raum leer. Meine Helferinnen haben die Liege in eine Vertiefung (wie eine Gruft) am Boden gestellt. Der Raum wirkt nicht wie eine Praxis, eher wie ein Krematorium. Ich versuche, Patienten zu behandeln – es geht nicht, weil ich mich so tief bücken muss und meine Hilfsmittel nicht vorhanden sind. Ich mühe mich sehr ab, aber es geht nicht. Es ist ein qualvolles Gefühl. Schliesslich befällt mich eine Art Bewusstlosigkeit: ich kann mich an bestimmte Dinge, die mit meinen Patienten zusammenhängen, beispielsweise Diagnosen, nicht mehr erinnern. Das verursacht mir Schuldgefühle. Auf einmal ist Jim da; er führt mich am Arm aus der Praxis und führt mich zum Bus, der mich nach Hause bringt. Dort ist ein Kaffeeklatsch. Es gibt auserlesene Süssigkeiten auf herrlichem Meissner Porzellan (Teller mit blauen Blumen), und ich denke: «Ich muss die gleichen Teller noch in rotem und gelbem Dessin besorgen.»

DAGMARS ASSOZIATIONEN

GROSSER, RUNDER RAUM: «Ich kenne keinen solchen Raum. Die Kreisform bedeutet für mich Harmonie.»

LEERER RAUM (mit Ausnahme der Liege): «Da kann man nicht behandeln.»

VERTIEFUNG: siehe oben.

KREMATORIUM: «Totenverbrennung, ein dubioser Ort.»

HELFERINNEN: «Oft bin ich von ihnen in der Praxis verlassen. Leider wage ich es nicht, ihnen gegenüber offen Kritik zu üben.»

SCHULDGEFÜHLE: «Ich habe Schuldgefühle, weil ich mich nicht so um meine Eltern kümmere. Da ist Jim dran ‹schuld›.»

BUS: «Transportmittel.»

KAFFEEKLATSCH: «Das mag ich.»

BLAUE BLUME: «Sinnbild der Romantik; meine Lieblingsfarbe.»

ROT UND GELB: «Sonne, warm, leuchtend.»

Im Mittelpunkt des Traums steht Dagmars Verhältnis zum Beruf. Der Praxisraum erscheint im Traum als rund: er ist ihr Zentrum, ihr Ein und Alles. Über die Identifikation als erfolgreiche Orthopädin, so bestätigt Dagmar auch im Gespräch, erhält sie die (einzige) Selbstbestätigung. Mit diesem Identifikationsprozess scheint jedoch einiges nicht zu stimmen: Die Helferinnen haben die Patientenliege in eine Vertiefung («Gruft») gestellt und so die Behandlung fast unmöglich gemacht. Ausserdem erinnert der Praxisraum die Träumerin an ein «Krematorium»! Anscheinend bedeutet es einen inneren Tod, Selbstwert ausschliesslich über den Beruf zu beziehen! Laut Dagmars Assoziationen wird der Praxisraum zu einem «dubiosen Ort»: Das Unbewusste zeigt somit den Beruf (in seiner seelischen Funktion) in genau entgegengesetzter Weise wie das Bewusstsein. Solche Neubewertungen sind für das Bewusstsein zunächst einmal schwierig zu verdauen.

Astrologisch finden wir die Identifikations- bzw. Selbstwertthematik in einer laufenden Sonne/Venus-Konjunktion, die sich auf der Dreifachkonjunktion von Mond, Jupiter und Saturn im ersten Radix-Haus (Haus des Selbstwertes) befindet.

Die hier beschriebene einseitige Identifikation wird im Traum des weiteren mit dem Bild der «Bewusstlosigkeit» in Frage gestellt: Dagmar hat im Traum alles vergessen, was zum Behandeln notwendig ist, beispielsweise die Diagnosen. In der Realität passiert ihr so etwas natürlich nicht. Doch um die tatsächliche Qualifikation als Ärztin geht es im Traum auch gar nicht!

Das Unbewusste hinterfragt jedoch nicht nur die bisherigen Identifikationsweisen, sondern es zeigt auch Alternativen auf. Jim führt sie am Arm aus der Praxis in eine neue Welt. Es ist demnach eine lebendige Beziehung (zu Jim), die sie von ihrem bisherigen Selbstbild wegführen kann – buchstäblich! Diese neue Welt besteht noch aus weiteren Venus-Analogien: Kaffeeklatsch, Süssigkeiten, Meissner Porzellan, rote und gelbe Dessins …

Der Bus als Transportmittel für eine Menschen*gruppe* beinhaltet einen (indirekt) sozialen Aspekt. Es könnte sinnvoll für Dagmar sein, mehr zusammen mit anderen Menschen durch das

Leben zu fahren und sich mehr als bislang über die schönen Dinge (Venus-Transit) zu definieren. Im Traum ist es Jim, der sie in die Venus-Welt hineinführt: Am Tag des Traums stand der laufende Jupiter in Konjunktion mit dem Mondknoten (aufsteigend) im siebten Haus!

Am Ende der Sitzung erzählt Dagmar, dass sie schon bei der Aufnahme des Medizinstudiums gefühlt hatte, dass sie gegen ihre innere Bestimmung handelte. Die Eltern, vor allem der Vater, zwangen sie zu diesem Studium, obwohl sie viel lieber auf eine Kunstakademie gegangen wäre. Während des Studiums musste sie deswegen sehr oft weinen. Vor dieser Hintergrundinformation lässt sich nun das «Krematorium» weitergehend deuten: der jahrzehntelang ausgeübte Beruf könnte eine Art «Totenstätte» für die kreativen Anlagen gewesen sein.

Noch heute lässt sich Dagmar (unbewusst) von den Erwartungen der Eltern bestimmen. So hat sie beispielsweise Schuldgefühle (vgl. die Assoziationen), wenn sie sich nicht so intensiv um sie kümmert, sondern dafür mehr mit Jim zusammen ist. Bislang haben die Eltern noch kein positives Wort über Jim gesagt – auch davon lässt sich Dagmar manchmal noch in ihrer Haltung zu Jim verunsichern. Schuldgefühle entstehen natürlich auch dann, wenn sie sich heute gegen den Beruf entscheidet, den sie von ihren Eltern aufgezwungen erhielt. Partnerschaft, Beruf und Beziehung zu den Eltern sind hier auf vielfältige Weise miteinander verknotet.

Sollte sich Dagmar tatsächlich entscheiden, ihren Beruf aufzugeben, hat sie die Chance, spät, aber doch wohl nicht zu spät, Versäumtes nachzuholen. Nachdem sie sich einige Zeit später schon dazu durchgerungen hat, für eine «Test-Zeit» von sechs Monaten in die USA zu fahren, überrascht sie mich in der vorläufig letzten Sitzung mit der Ankündigung: «Ich werde Jim in den USA heiraten!» Während dieses halben Jahres will sie auf eine Kunstakademie gehen, Musikunterricht nehmen und überhaupt das «Krematorium» hinter sich lassen … Die Praxis in Deutschland wird vorläufig von einer Vertretung geführt. Wie die Dinge sich dann in Zukunft weiterentwickeln werden, ist momentan noch völlig offen. Die Heirat, die unter dem astrologischen Bilderbuchaspekt Jupiter Konjunktion Venus im siebten Radix-Haus stattgefunden hat, lässt jedoch für Dagmar viel erhoffen.

KAPITEL IV

Imaginationen (Phantasiereisen)

I. EINFÜHRUNG

Manche Menschen können sich nur schlecht an ihre Träume erinnern. In solchen Fällen bietet sich die Phantasiereise als Alternative an. Auch Imaginationen entstammen dem Unbewussten und können genauso gedeutet werden wie «echte» Träume.

In meinen Traumdeutungsseminaren erlebe ich es immer wieder, dass «schlechte Träumer» intensive Imaginationen erleben können. Nach einigen Atemübungen und einer Entspannungsmusik aus dem Hintergrund können die meisten Menschen schnell ins Unbewusste hinabgleiten. Nicht selten berichten einige Teilnehmer von Symbolen, die sie schon aus den Träumen der vergangenen Nacht kennen (ohne sich bei Beginn der Imagination daran erinnert zu haben!). Als Beispiel sei hier ein Teilnehmer erwähnt, der in der Phantasiereise eine Begegnung mit einem weissen Hengst gehabt hatte. Während er von diesem erzählte, wurde ihm bewusst, dass er ihm schon in der letzten Nacht begegnet war ...

Im Alltag «phantasiert» jeder von uns – und seien es auch nur jeweils wenige Sekunden. Unsere kopforientierte Kultur hat für solche kreative Prozesse bezeichnenderweise nur negative Vokabeln gefunden: tagträumen, Einbildung, phantasieren ... Doch tatsächlich können Imaginationen genauso wie Träume helfen, Probleme besser zu verstehen. Es war C. G. Jung, dem wir die Rehabilitierung der Imagination verdanken.[1]

Jung beschreibt die Anleitung zur Imagination folgendermassen: Man soll sich auf ein eindrucksvolles Traumbild oder aber auf einen spontanen visuellen Eindruck konzentrieren und beobachten …

… welche Veränderungen am Bilde auftreten. Dabei muss natürlich alle Kritik ausgeschaltet und mit absoluter Objektivität das Vorkommende beobachtet und aufgezeichnet werden. Es ist selbstverständlich, dass auch die Einwände, es sei «willkürlich» oder man «hätte das selber erdacht», zur Seite geschoben werden, denn sie entstammen der Ängstlichkeit des Ichbewusstseins, das keinen Herren neben sich im Hause duldet; (…) Unter diesen Bedingungen kommen lange und oft sehr dramatische Phantasieserien zustande. Der Vorteil dieser Methode ist, dass sie reichlich Inhalte des Unbewussten zutage fördert. Man kann sich zu gleichen Zwecken auch des Zeichnens, Malens und Modellierens bedienen. [2]

In Imaginationen kann man sich aktiv mit den Bildern auseinandersetzen, oder aber man erlebt die Eindrücke nur passiv (passive Imagination). Oft ist es lohnenswert, sich aktiv mit den Phantasiegestalten zu beschäftigen. So kann man beispielsweise eine «böse Hexe» einfach fragen, warum sie denn so grimmig dreinschaut – statt nur einen Film ablaufen zu lassen. Immer wieder ist es erstaunlich, wie stark sich Phantasiegestalten in ihrem Verhalten verändern, sobald man sie anspricht und ihnen ein Feedback gibt. Die Fallgeschichte von Gabriele wird das hier Gesagte später noch verdeutlichen.

Wer viel imaginiert, wird die Erfahrung machen, dass seine Träume schwächer oder seltener werden. [3] Diese Beobachtung bestätigt die qualitative Vergleichbarkeit von Träumen und Imaginationen in bezug auf die Tiefe des unbewussten Inhalts.

Um zunächst einmal einen allgemeinen psychischen Eindruck von sich selber oder einem anderen, mit dem man arbeitet, zu erhalten, kann man ein allgemeines Thema vorgeben; ein Auto, ein Baum, eine Landschaft, eine Insel oder ein Tier, das man sein möchte, eignen sich gut für den Einstieg. [4]

Das Auto beispielsweise symbolisiert die Art und Weise, wie wir durchs Leben «fahren». Sieht man sich in einem schrottreifen VW-Käfer, einem rassigen Sportwagen oder in einem alten, keuchenden LKW? Der Baum dagegen enthüllt das gewachsene Selbstbild des Menschen. Eine starke, dicke Eiche lässt ein völlig anderes Selbstbild erwarten als eine junge, schmale Birke. Die Landschaft spiegelt meist sehr zutreffend die momentane Stimmung wider. Scheint die Sonne? Ist es bewölkt oder wird der Himmel gar schwarz? Das Wasserbild sagt etwas aus über die innere Gefühlsquelle. – Sieht der Imaginierende ein schmales Rinnsal, einen wilden Strom oder ein ruhiges Meer? Das Tier schliesslich spiegelt die Triebseite wider. Wer sich in dieser Übung vorstellt, er wäre am liebsten ein Zierfisch, der wird mit Sicherheit eine völlig andere Triebstruktur haben als jemand, der sich als wilde Katze oder als Löwe erlebt.

Was die astrologische Deutung der Imaginationen angeht, so gilt alles vorher über die astrologische Traumdeutung Festgestellte hier in gleichem Masse. Eine Imagination, die nicht ein momentanes Problem, sondern ein zentrales Lebensproblem thematisiert, sollte man zunächst in der Struktur des Geburtshoroskops aufdecken. Die weitaus meisten Imaginationen jedoch wird man in den Transiten wiederfinden. Zur Verdeutlichung sollen nun einige Fallgeschichten folgen.

II. FALLBEISPIEL ILONA

Ilona ist von Beruf promovierte Chemikerin. Am Tag unseres Gesprächs hatte sie folgende Transite: der laufende Mondknoten stand in Konjunktion mit dem MC, die laufende Sonne befand sich auf dem Radix-Uranus und der laufende Uranus lief schon seit längerem durch ihr zehntes Haus.

Seit einigen Jahren arbeitet Ilona in einer verantwortlichen Stellung in einer grossen Chemiefirma. Zu mir geführt hat sie eine Reihe von psychosomatischen Symptomen, beispielsweise Schwindelanfälle am Arbeitsplatz. Sie vermutet, dass der tägliche «Kleinkrieg» (Zitat) in der Firma, vor allem die Auseinandersetzungen mit dem Chef und die verkrusteten bürokratischen Firmenstrukturen sie «fertigmachen». Erschwerend führt sie noch den Umstand ins Feld, täglich gegen die Macho-Allüren ihrer männlichen Kollegen ankämpfen zu müssen – in ihrer unmittelbaren Arbeitsumgebung ist sie die einzige Frau!

Ich schlage Ilona vor, in der Imagination einen «Berufsberg» zu besteigen. Nach einer Entspannung bitte ich sie, sich zunächst in einer bergigen Naturlandschaft zu sehen. Sie soll den Wind spüren, den Boden und die Gräser mit der Hand spüren usw.

All dies ist wichtig, damit der Imaginierende tatsächlich «in Fühlung» mit seinen Bildern kommt und sie als real erlebt. Je sinnlicher die Bilder erfasst werden, um so tiefer kann man ins Unbewusste hinabsteigen. Vor allem können auf diese Weise kopfgesteuerte Imaginationen verhindert werden – man tut nur so, als ob …

Nachdem sich Ilona in ihrem Bild verankert hat, bitte ich sie, auf den höchsten Berg der Umgebung zuzugehen. Ich erzähle ihr, dass unten am Berg zwei Hinweisschilder für verschiedene Gipfelwege angebracht sind. Weg A ist identisch mit ihrer Firma und Weg B ist eine berufliche Alternative dazu. Nach meiner Intervention erkennt Ilona die zwei Schilder und will zunächst die Route A ausprobieren.

Am Beginn von Weg A ist der Boden aufgeweicht, und man hat nur wenig Aussicht auf die Landschaft. Immer wieder trifft Ilona auf grosse Hindernisse, beispielsweise stachlige Hecken und grosse Gesteinsbrocken mitten im Weg. Plötzlich kommt eine Horde von Eingeborenen auf sie zugerannt, die sie mit Steinen bewirft. Der Anführer der Gruppe hat das Emblem ihrer Firma auf der Brust angebracht und klopft sich immer wieder mit der Brust darauf.

Ilona wird schwindelig (!). Ihr Atem geht immer schneller und sie keucht: «Diese Idioten von der Firma. Ich will nicht mehr. Lasst mich in Frieden!» Ilona hat keine Lust mehr, diese Route weiterzuverfolgen, doch ich ermutige sie, zunächst noch ein wenig zu warten und erst einmal auszuruhen. Nachdem die Männer verschwunden sind, geht sie weiter. Der Pfad wird nun immer enger und gefährlicher, doch unvermittelt bricht er ganz ab. «Hier ist etwas abgebrochen», stellt Ilona fest, «dahinten steht ein Schild.» Ich ermuntere sie, darauf zuzugehen. Auf dem Schild steht: «Absturzgefahr – Weitergehen untersagt.» – «Ich hab's doch gleich gewusst, dass dieser Weg nicht zum Gipfel führt», seufzt Ilona.

Wieder am Fusse des Berges angelangt, erkundet sie die Route B. Der Weg ist wesentlich angenehmer zu gehen als der vorhergehende. Besonders auffällig sind die vielen Obstbäume und auch den häufig sich auftuenden Panoramablick kann Ilona geniessen. Bis zum Gipfel ist der Weg bequem begehbar. Auf dem Gipfelplateau befindet sich eine Forschungsstation. Ein Herr mit freundlichem Lächeln fragt sie, ob sie hier arbeiten möchte. Ilona sagt begeistert zu.

Schon seit Jahren, so berichtet Ilona hinterher, ist es ihr Wunsch, eine Stelle in der universitären Forschung anzunehmen. Die psychosomatischen Symptome lassen sich jetzt sowohl als «Kommentar» ihres Körpers auf diesen unterdrückten Wunsch als natürlich auch auf die bedrohliche Situation am Arbeitsplatz interpretieren.

Doch zunächst seien nochmals die einzelnen Bilder der beiden Wege erläutert. Der aufgeweichte Boden von Weg A erzählt etwas über die «unsichere Erdung» dieses Berufsweges. Die stachligen Hecken und die grossen Gesteinsbrocken lassen sich als die täglichen Mühen und Hindernisse in der Firma verstehen. Natürlich ist es auch kein Zufall, dass man auf dieser Route «keine gute Aussicht» (für die Zukunft) hat. Spiele mit doppeldeutigen Wörtern scheint das Unbewusste sehr zu lieben; man trifft sie auch in Träumen oft an.

Die steinewerfenden Männer sprechen ebenfalls für sich. Eine besondere Bedeutung hat der Schwindelanfall. Ilona sagte hinterher dazu: «Der Schwindelanfall war für mich das Entscheidende an dieser Übung gewesen. Ich habe mich körperlich und psychisch genauso gefühlt wie meist in der Firma. Wenn ich da weiterarbeite, gehe ich vor die Hunde.»

Entgegen meiner anfänglichen Ankündigung, beide Wege würden zum Gipfel führen, entpuppt sich das Ende von Weg A als Sackgasse. Das Unbewusste des Klienten nimmt Interventionen des Therapeuten immer nur in einer Weise auf, wie es diese als sinnvoll empfindet.

Bei Route B sind die Aussichten («Panoramablick») wesentlich besser. Die Fruchtbarkeit dieser Alternative kündigt sich auch durch die vielen Obstbäume im unteren Bereich des Berges an. Wenn man zudem das Gipfelerlebnis berücksichtigt, scheinen alle Weichen in Richtung Arbeitsplatzwechsel gestellt.

Die Transite am Tag der Imagination sprechen ebenfalls eine deutliche Sprache. Der nördliche Mondknoten auf dem MC kündigt die neuen Kontakte und Möglichkeiten im Berufsleben an. Der transitierende Mondknoten hat meiner Erfahrung nach eine weit grössere Bedeutung, als ihm meist zugestanden wird. Ferner hat auch der laufende Uranus im zehnten Haus schon seit einiger Zeit den Boden für eine berufliche Änderung bereitet. Am Imaginationstag wird dieser Langzeittransit durch die Konjunktion der laufenden Sonne mit dem Radix-Uranus verstärkt.

Um wirklich ganz sicher zu gehen, dass die Kündigung bei der Firma keine Flucht vor der Auseinandersetzung ist, sondern auch tatsächlich Ilonas innerem Entwicklungsweg entspricht, mache ich einige Tage später mit ihr noch weitere Übungen, die das Erarbeitete bestätigen. Tatsächlich hat Ilona kurz später in der Firma gekündigt und eine Stelle in der Forschung erhalten.

III. Fallbeispiel Peter

Auch in diesem Fall geht es wieder um eine Berufsproblematik. Obwohl schon über 50 Jahre alt, hat Peter beruflich bislang kein Bein auf die Erde gebracht. Da die Berufsfrage bei ihm grundsätzlicherer Art ist als bei Ilona, seien hier einige wichtige Konstellationen aus dem Radixhoroskop erwähnt.

Mond, Mars und Jupiter stehen im zwölften Haus. Zusammen mit einem durch viele Aspekte optisch dominierenden Neptun im siebten Feld können wir gut nachvollziehen, dass Peter spirituelle Heilverfahren und auch psychotherapeutische Methoden (Sonne und Merkur im Skorpion!) beruflich anwenden will. Da Mond, Mars und Jupiter im Steinbock stehen, will er alles in äusserster Perfektion beherrschen – nie ist er mit sich zufrieden, obwohl er hochqualifiziert ist: viele Ausbildungen mit Zertifikat hat er in den letzten 15 Jahren abgeschlossen, doch wegen seines übertriebenen Anspruchs traut er sich nicht, diese an Klienten in grösserem Massstab anzuwenden. Hinzu kommt bei einem Mars im zwölften Haus nicht selten eine verpuffende Energie, wenn es gilt, «anzufangen».

Saturn an der Spitze des zweiten Hauses lässt uns Peters Geldproblem näher verstehen: er hat Schuldgefühle, von Klienten für seine Arbeit Geld anzunehmen. Unbewusst steckt in ihm das Programm: Geld ist schmutzig. Erwähnenswert ist ferner der Stand des aufsteigenden Mondknotens am MC: Peter soll seine Kontaktfähigkeit im Berufsleben einbringen. Doch wie die meisten Menschen lebt er nur den Südknoten – in unserem Beispiel steht er am IC: Peter verkriecht sich die meiste Zeit in einem Schneckenhaus, liest Bücher und meditiert … Der Südknoten symbolisiert immer jene Verhaltensweisen, in die wir abgleiten, wenn wir den Weg des geringsten Widerstandes gehen wollen.

In der Imagination sieht sich Peter zunächst in einer Herbstlandschaft. Nebel ziehen auf und erschweren die Orientierung. Nach einer Weile gelangt er doch noch an einen grossen Berg.

Die Bergspitze glüht in goldenem Licht. Trotz dieses verlockenden Anblicks hat Peter das Gefühl, dass er nicht zum Aufstieg fähig ist: Ringförmig ist der Berg in der Mitte von einem lavaartigen, glühenden und rauchenden Gürtel umgeben. Während er sich dieses unüberwindliche Hindernis näher betrachtet, verwandelt sich die Bergspitze in einen Bergkristall.

Nachdem Peter schliesslich resigniert, fordere ich ihn auf, sich umzuschauen: «Vielleicht gibt es irgendwo eine Hilfe für dich», rede ich ihm Mut zu. Tatsächlich erscheint ein Eisbär, der so überirdisch gross wird, dass er mit seinem Kopf bis zum Gipfel hinaufreicht. Der Eisbär ist sehr freundlich und deutet mit der Tatze auf den Lavagürtel: «Das sind die von dir geschaffenen Begrenzungen, die da lodern. Doch es gibt auch Lösungsmöglichkeiten für dich.» Dann schweigt der Bär.

Mit einem Fernglas schaut sich Peter die Lava näher an. Was er sieht, schockiert ihn: In der Lava springen hermaphroditische Menschengestalten herum, die sich in ihren Feuerqualen wälzen. Sie rufen ihm zu: «Wir sind Urenergien, Triebe … Du hast uns so lange unterdrückt! Wir haben trotz unserer Negativität ein Recht auf Leben! – Und übrigens: Sex ist gar nicht so schmutzig, wie du denkst! Ohne uns kannst du jedenfalls den Gipfel nie erreichen. – Merk dir das!»

Peter ist sichtlich betroffen von der Intensität jener gut versteckten Teile in ihm. «Was soll ich denn machen?», fragt er die Gestalten. «Fang an! Fang endlich an! Wenn du wartest, bis du ‹erleuchtet› bist, wirst du nie einen Beruf haben können. Nimm uns einfach mit auf deinen Weg und akzeptiere uns!»

Aus der schon eingangs besprochenen starken Steinbockbesetzung des Horoskops lässt sich der Anspruch, in jeglicher Hinsicht perfekt zu sein, gut verstehen. Am Tag der Imagination zeigen die Transite deutlich die Reformbedürftigkeit beruflicher und ethischer Ideale: Uranus steht in Konjunktion mit dem Radix-Jupiter im zwölften Feld (Langzeittransit), eine laufende Sonne/

Merkur-Konjunktion befindet sich an der Spitze des neunten Hauses in Konjunktion mit der Skorpionsonne, und eine Mars/Pluto-Konjunktion transitiert ebenfalls durch das neunte Haus und steht in Konjunktion mit dem Radix-Merkur; letztere findet ebenfalls statt im «Lavazeichen» Skorpion.

Verheissungsvoll steht ferner eine laufende Venus/Jupiter-Konjunktion exakt auf der Radix-Venus im achten Haus: bestehende Vorstellungen über Sexualität können in «Venus-freundlicher» Weise umgeformt werden. Wie wir sehen, ist die Transitlage sehr plutonisch: Skorpion, Pluto und das achte Haus sind intensiv ausgelöst. Genau wie in unserer letzten Fallgeschichte fällt bei den Transiten ferner eine Konjunktion des laufenden Mondknotens mit dem MC auf – allerdings noch in zusätzlicher Konjunktion mit sich selber (Nordknoten Konjunktion Nordknoten)! Es ist höchste Eisenbahn, diesen Nordknoten endlich ins Leben zu integrieren, das heisst beruflich nach aussen zu gehen und neue Möglichkeiten auszuprobieren.

Astrologisch interessant ist auch das erste Bild von Peters Imagination: Der Nebel über der Herbstlandschaft erinnert an das Zeichen Skorpion (November). Symbolisch spielt der Nebel natürlich darauf an, dass Peter in seiner Berufsfrage in keiner Weise den «Durchblick» hat. Auch die anderen Symbole sind nicht sehr schwer zu deuten: Der goldene Gipfel, der später zum Bergkristall wird, verdeutlicht eine verheissungsvolle berufliche Zukunfts*möglichkeit*. Da wir ferner den Eisbären als weise innere Instanz von Peter deuten dürfen, gibt es reale Hoffnung auf dieses Ziel: der Bär ist so gross, dass er den Gipfel berühren kann.

Faszinierend ist des weiteren die Erscheinungsform der Triebenergien: Sie sind androgyn (zwitterhaft), und damit ergibt sich ein scheinbares Paradoxon! In der Alchemie ist der Hermaphrodit ein Symbol für den Stein der Weisen, der durch die Vereinigung des Männlichen mit dem Weiblichen erst ermöglicht wird. Zwitter sind immer Symbole für die Vermittlung von Gegensätzen und somit stehen sie für den vollkommenen Menschen. Tiefenpsychologisch stossen wir oft auf den Umstand, dass das scheinbar Negative («Triebe») uns als Göttliches entgegenkommt. Die Weisheit in diesem Paradoxon liegt auf der Hand: Ohne die Integration des «Bösen» können wir uns nie vorwärts entwickeln!

Die in Peter brennenden Triebenergien wurden durch die Transite im Zeichen Skorpion, durch Pluto und auch das achte Haus aktiviert. Ihre Botschaft ist unmissverständlich: Solange der Steinbock-Mythos der «Reinheit» und Perfektion nicht begraben wird, kann Peter nie in eine fruchtbare berufliche Rolle schlüpfen. Wie die Entwicklung in seinem Falle weitergehen wird, ist zur Zeit noch völlig offen.

IV. Fallbeispiel Birgit

Birgit ist verheiratet und hat drei Kinder. Mit Sonne, Mond und Merkur im Steinbock und einer Venus/Saturn-Konjunktion ist sie, genau wie Peter, ein recht konservativer Mensch. Als Kind war sie immer angepasst und erfüllte stets die Erwartungen der strengen Eltern. In der astrologischen Beratung beschreibt sie sich als ordnungsliebend und im sozialen Umgang etwas verklemmt.

Von der Imaginationssitzung erhofft sich Birgit, einem «Kloss im Hals» auf die Spur zu kommen. Der «Kloss» ist schon mehrere Monate vorhanden und erschwert das Herunterschlucken der Nahrung. Ein Hausarzt, ein Hals-Nasen-Ohren-Arzt und ein Neurologe haben sich bislang erfolglos mit ihm auseinandergesetzt. Eine physische Ursache wurde jedenfalls ausgeschlossen.

In der Imagination versucht Birgit, in direkter Weise mit dem Kloss in Kontakt zu kommen. Als erstes Bild erscheint ein Eichhörnchen auf einem Baum. Es spricht: «Mach's mir nach und spring von Ast zu Ast.» Nach einer Pause sieht Birgit, wie das Eichhörnchen genüsslich an einer Nuss knabbert. Als nächstes

Eichhörnchen genüsslich an einer Nuss knabbert. Als nächstes Bild erscheint ein Hund. «Ich mag keine Hunde!», sagt Birgit. «Nur den Hund meiner Patentante mochte ich; der war verspielt, anschmiegsam und gutmütig, doch ist er schon lange tot.»

Da ich merke, dass Birgit nicht ganz bei der Sache ist, bitte ich sie, wieder zurück ins Bild zu gehen und sich ganz den inneren Erfahrungen zu überlassen. Plötzlich spürt Birgit verstärkt ihren Kloss. «Er fühlt sich an wie das Bellen eines Hundes – belle ich zuviel im Alltag? Aber oft muss ich bellen, weil mein Mann mich häufig übergeht. Doch das Bellen nützt leider nichts.»

Ich bemerke erneut, dass Birgit sich nicht den Bildern überlässt, doch diesmal akzeptiere ich es und deute ihre Aussage: «Wenn Ihr Mann sich immer wieder über Sie hinwegsetzt, haben Sie wohl schwer zu ‹schlucken›?» Birgit nickt mit dem Kopf. Da momentan zu viele Widerstände gegen eine länger andauernde Imagination bestehen, beenden wir die Übung.

Nach und nach gehen wir anschliessend die erhaltenen Bilder in bezug auf ihren Symbolgehalt durch. Das Eichhörnchen interpretiert Birgit als Aufruf, ihr rigides Denken in ein flexibleres umzugestalten: «Meine Gedanken kreisen immer um bestimmte Dinge, die ich noch zu erledigen habe. Ich bin zu perfektionistisch. Wie das Eichhörnchen sollte ich mich im Alltag weniger unter Druck stellen.»

In der Tat ist für einen Dreifach-Steinbock mit einer zusätzlichen Venus/Saturn-Konjunktion die Flexibilität eines Eichhörnchens eine lohnende Zielvorstellung! Das genüssliche Knabbern an der Nuss ist für Birgit ein Hinweis, mehr Genussfreude im Leben zuzulassen.

Zum Zeitpunkt der Imagination hatte Birgit den Langzeittransit einer laufenden Uranus/Neptun-Konjunktion auf ihrer Sonne/Merkur-Konjunktion im Steinbock (Radix). Ausserdem befand sich der laufende Merkur in Konjunktion mit dem Radix-Neptun! Der Langzeittransit wurde somit am Imaginationstag durch den *gleichsinnigen* Kurzzeittransit verstärkt (doppelte Merkur/Neptun-Konjunktion: flexibleres Denken!).

Deutlich ist auch die Botschaft des Bildes mit dem Hund. Generell mag Birgit keine Hunde: Sie hat Probleme mit ihrer instinktiven Seite[5] (Venus/Saturn-Konjunktion im Radixhoroskop). Der einzige sympathische Hund, den sie kennt, ist bezeichnenderweise schon lange tot ... Diesen Teil gilt es nun von den Toten aufzuerwecken.

Des weiteren soll Birgit nicht mehr nur «bellen» und «schlukken», sondern klarer und deutlicher als bisher dem Ehemann ihre Meinung klarmachen. Sonne, Mars, Merkur und Jupiter befanden sich am Tag der Imagination im siebten Haus; Mars und Jupiter bildeten dabei eine Konjunktion, die sich in Quadratur zum Radix-Mond befand: Nicht plump, sondern mit Niveau (Jupiter) soll der Ehemann (Mars/Jupiter im siebten Haus) mit der Wut im Bauch (Mars Quadrat Radix-Mond) konfrontiert werden.

Am Schluss der Sitzung sagt Birgit spontan: «Der Kloss im Hals ist zwar noch nicht weg, aber er fühlt sich schon viel schwächer an.» Ohne Ironie sage ich zu ihr, dass sie für den Kloss dankbar sein soll. Er ist ein wertvolles Verhaltensbarometer. In dem Masse, in dem Birgit in ihrem Denken flexibler wird und nicht mehr alles schluckt, was von ihrem Mann auf sie zukommt, wird der Kloss im Hals verschwinden. So kam es schliesslich auch, doch brauchte es dazu noch einige Sitzungen.

V. FALLBEISPIEL GABI

Gabi ist noch Studentin. Die folgende ungelenkte Imagination reflektiert eine Mond/Pluto-Konjunktion in ihrem Radix-Horoskop, die sich im vierten Haus befindet.

Gabi geht durch einen tiefen, dunklen Wald und sieht ein geheimnisvolles kleines Häuschen. Die Tür steht etwas offen, und so schleicht sie sich vorsichtig hinein. Links von ihr sieht sie einen grossen Ofen. Plötzlich schlägt die Tür mit einem Riesenkrach zu, und sie sieht eine böse Hexe mit stechenden Augen auf sich zukommen. «Ich will dich braten, mein liebes Kind!», zischt die Hexe. Gabi überkommt eine Panik. Sie tritt der Hexe kräftig mit dem Fuss in den Hintern und flieht; diese war auf den Angriff nicht vorbereitet und auf den Boden gefallen. Danach ist die Imagination unterbrochen.

Ich erkläre Gabi, dass man mit Hexen in der Imagination auch anders umgehen könne. Statt aggressiv zu werden und zu flüchten, könne man sie doch beispielsweise ansprechen. Nachdem Gabi erneut in die Imagination hineingeht, findet sie sich vor einem Höhleneingang wieder. Neugierig steigt sie immer tiefer in die Höhle hinein. Bei einer Quelle angekommen, stösst sie dort auf eine Zauberin. «Fesselt sie!» ruft die Zauberin einigen ihrer Diener zu. «Muss das denn wirklich sein?», fragt Gabi ernst zurück. Mit einer Handbewegung stoppt die Zauberin die auf Gabi zueilenden Diener und sagt: «Eigentlich hast du recht. Wir können auch anders miteinander umgehen. Geh jetzt und komm ein anderes Mal wieder, damit wir uns in Ruhe unterhalten können.»

Gabi litt in ihrer Kindheit an einer Stiefmutter; beide hassten sich abgrundtief. Gabi hat ihre Stiefmutter schon seit Jahren nicht mehr gesehen, und doch träumt sie immer noch regelmässig von ihr. Auch die Imagination zeigt, wie «virulent» dieses Thema noch ist.

Diese Phantasiereise ist ein schönes Beispiel dafür, dass nicht nur Träume Märchenmotive benutzen (hier einige Anspielungen auf «Hänsel und Gretel»). Das Bild der «bösen Hexe» bzw. der schlimmen Stiefmutter (Mond/Pluto-Konjunktion) ist selbstverständlich nicht bei jeder Mond/Pluto-Konjunktion anzutreffen. Auch biologische Mütter und dominante Grossmütter können in eine solche Rolle schlüpfen. Betrachtet man die vorkommenden Bilder dieser Imagination unter astrologischem Blickwinkel, so fällt eine Häufung aus der Mond/Krebs-Analogiereihe auf: Hexe,

Zauberin, Ofen, Höhle und Quelle. Diese Welt des Mutter-Archetypus ist in Gabis Psyche noch ungeklärt.

Da Gabi unverhofft die Universität wechselte und nach Norddeutschland umzog, konnten die Imaginationen nicht fortgesetzt werden. Die Phantasiereise hat jedoch deutlich gezeigt, dass Gabi sich in Zukunft mit ihrem im Unbewussten noch brodelnden Hass auseinandersetzen muss.[6)]

VI. Fallbeispiel Vera

Vera ist zur Zeit arbeitslos und lebt von der Sozialhilfe und der Unterstützung des Vaters ihrer Kinder. Mit zwei unehelichen Kindern, Max und Miriam, ist für sie als Alleinerziehende jeder neue Tag eine grosse Herausforderung.

Eine schlimme Zwangsvorstellung führt Vera zu mir. Sie glaubt, Max müsse bald durch einen Unfall oder eine andere Art von Unglück sterben. Schon bei der Geburt dieses Kindes hatte sie panische Ängste gehabt, obwohl es eine völlig normale Geburt war. Unmittelbar nach der Geburt sagte sie zu einer Freundin: «Demnächst werde ich Max verlieren.»

Wir bitten das Unbewusste von Vera, ihr ein Bild zu ihrem Problem zu schicken. Schnell bekommt Vera einen «Kloss im Hals». Ähnlich wie bei Birgit kündigt sich hier ein Brocken an, den man nur schwer «schlucken» kann. Unvermittelt sieht sich Vera vor langer Zeit als junger Inder in einem Dorf. Sie bzw. der Inder erblickt einen riesigen Mühlstein. Grausame Kinderschreie sind zu hören. Vera berichtet, dass der kleine Sohn beim Spielen unter den Mühlstein geraten ist und von ihm nun grausam zermalmt wird. Der Vater steht machtlos davor – es ist schon zu spät. Da unmittelbar vorher seine Frau gestorben ist, muss er nun allein leben; er stumpft seelisch völlig ab. Ich versuche Vera mit ihrem Bild zu versöhnen und hole sie sanft aus der Imagination zurück.

Trotz dieses intensiven Erlebnisses fühlt sich Vera anschliessend recht gut. Ganz offensichtlich rührt die Angst um Max von diesem Trauma aus einem früheren Leben her. Da ich mit Vera noch längere Zeit Traumdeutung gemacht habe, kann ich bestätigen, dass ihre Zwangsvorstellung nie mehr zurückgekommen ist.

In der Reinkarnationstherapie wird durch das Wiedererleben vergangener Traumata eine bestehende Blockierung gelöst – so verkünden es zumindest die Vertreter dieser Richtung. Meiner Meinung nach entziehen häufige (absichtlich herbeigeführte) Rückerinnerungen dem Klienten ein Übermass an psychischer Energie, die ihm dann eventuell im Alltag fehlt. Einen so tiefen Abstieg nach innen erhält man nicht gratis!

Ich selber provoziere in meiner Arbeit mit Klienten nie absichtlich solche Rückerinnerungen, doch manchmal, wenn auch sehr selten, entscheidet das Unbewusste, in die Sphäre früherer Leben eintauchen zu wollen. In Veras Fall ist die Rückerinnerung mit Sicherheit positiv zu bewerten: die Angst um Max kehrte nie mehr wieder.

Aufschlussreich sind in Veras Fall auch die Transite am Tag der Rückführung. Zum Zeitpunkt der Sitzung lief der Mond gerade am IC vorbei (Blick nach innen). Ferner spricht Merkur in Konjunktion mit dem MC für die geistige Integration des Erlebten. Das Thema «Liebe und Gewalt» findet sich wieder in der Kombination der beiden Transite Venus Konjunktion Mars (Radix) und Mars Konjunktion Pluto (Radix). Das karmische Moment dieser Imaginationssitzung wurde unterstrichen durch eine genaue Konjunktion des Saturns mit dem *absteigenden* Mondknoten (Radix). All diese Konstellationen fanden statt vor dem Hintergrund eines Langzeittransits: Pluto lief durch das vierte Haus und stand in Konjunktion mit Neptun (Radix) und in Quadratur mit einer Merkur/Saturn-Konjunktion (Radix).

Zum Thema Reinkarnationstherapie möchte ich hier noch eine aufschlussreiche Begebenheit erzählen. Eine astrologisch mit mir arbeitende Klientin fragte mich einmal, wie ich zu ihrem Vorhaben einer Reinkarnationstherapie stehe. Da diese Frau alles andere als «psychisch im Lot» war, riet ich ihr dringend ab. Sie schlug jedoch meinen Rat in den Wind und begann eine Sitzungsserie. Das Resultat war, dass sie nicht ein einziges Mal mit ihrem Therapeuten in ein früheres Leben vordringen konnte! Das Unbewusste wehrte sich in diesem Falle, dem egoistischen Wunsch (Neugier …) nachzukommen. Wäre sie tatsächlich in ein früheres Leben gelangt, hätte sie die Erfahrungen wegen ihrer aktuellen labilen Verfassung nicht integrieren können und wäre noch weiter durch die «Therapie» destabilisiert worden. Wenn die Motivation für diese Art von Therapie nur darin besteht, «endlich auch einmal meine früheren Leben kennenzulernen», kann man das Scheitern schon voraussehen (beispielsweise Heraufholen von falschen «Reinkarnationsfilmen»).

Zum Schluss noch einige Hinweise für alle, die ohne fremde Hilfe mit der Imagination Erfahrungen sammeln wollen. Nur wer psychisch gesund ist, sollte sich allein auf Traumreise begeben. Bei Alltagsproblemen empfehle ich folgendes Vorgehen: Nachdem man dafür gesorgt hat, dass man in den nächsten zwanzig Minuten nicht gestört werden kann (Telefonleitung blockieren!), legt man sich auf eine angenehme Unterlage. Man schliesse die Augen und atme mehrmals tief in den Unterbauch (eventuell mit beruhigender Musik im Hintergrund). Dann bitte man das Unbewusste, Bilder zu jener Frage zu senden, die einen beschäftigt. Natürlich kann man auch völlig ungesteuerte Imaginationen durchführen und sich einfach überraschen lassen, was das Unbewusste an Bildern bereithält …

KAPITEL V

Das Horoskop von C. G. Jung
Tiefenpsychologie als Thema im Radixhoroskop

D ie Astrologie hat dem Psychologen, Philosophen und Visio-
när C. G. Jung viel zu verdanken. Seine Untersuchungen
über das Funktionieren des I-Ging-Orakels (Synchronizitätsidee)
berücksichtigten auch Überlegungen über die Astrologie. In seinem Spätwerk *Aion* ist Jung ausführlich auf astrologische Zusammenhänge eingegangen.

Jung selber hatte einige bemerkenswerte Begegnungen mit
der Astrologie. So war er beispielsweise mit einem Astrologen
bekannt, der zwar sein Horoskop gemacht hatte, aber nichts aus
Jungs Leben wusste. Gelegentlich bekam Jung von ihm Berichte
über die Stimmungen, die er in der Vergangenheit gehabt haben
müsse:

*Bei einem dieser Anlässe schrieb er, dass ich, nehmen wir einmal
an, am 31. März vor zwei Jahren das Gefühl gehabt haben müsse,
wiedergeboren worden zu sein, denn ein bestimmter Planet sei an
einer bestimmten Stelle meines Geburtshoroskops vorbeigegangen.
Damals führte ich ein psychologisches Tagebuch mit genauen Aufzeichnungen über alle Ereignisse. Ich schaute also unter diesem
Datum nach; ich hatte geschrieben: «Heute fühle ich mich auf unerklärliche Weise wie neugeboren.»* [1]

Thema unserer Analyse über C. G. Jung ist die Verbindung von
Geburtshoroskop, Charakter und dem Lebensthema Tiefenpsychologie. Im Mittelpunkt sollen dabei nicht so sehr äussere Ereignisse stehen, sondern wir wollen uns vielmehr auf innere Ent-
wicklungsvorgänge konzentrieren. Mit dieser Absicht stimmen

wir mit Jung überein; am Beginn seiner Autobiographie lesen wir die Sätze:

Im Grunde genommen sind mir nur die Ereignisse meines Lebens erzählenswert, bei denen die unvergängliche Welt in die vergängliche einbrach. Darum spreche ich hauptsächlich von den inneren Erlebnissen. Zu ihnen gehören meine Träume und Imaginationen. [Sonne Quadrat Neptun exakt.] *Sie bilden zugleich den Urstoff meiner wissenschaftlichen Arbeit. Sie waren wie feurig-flüssiger Basalt, aus welchem sich der zu bearbeitende Stein* [Saturn im ersten Haus] *auskristallisiert.*[2] [Anmerkungen in eckigen Klammern vom Autor.]

Carl Gustav Jung wurde am 26. Juli 1875 in Kesswil/Schweiz als Sohn eines Pfarrers geboren. Bevor wir auf die beiden Eltern nä-

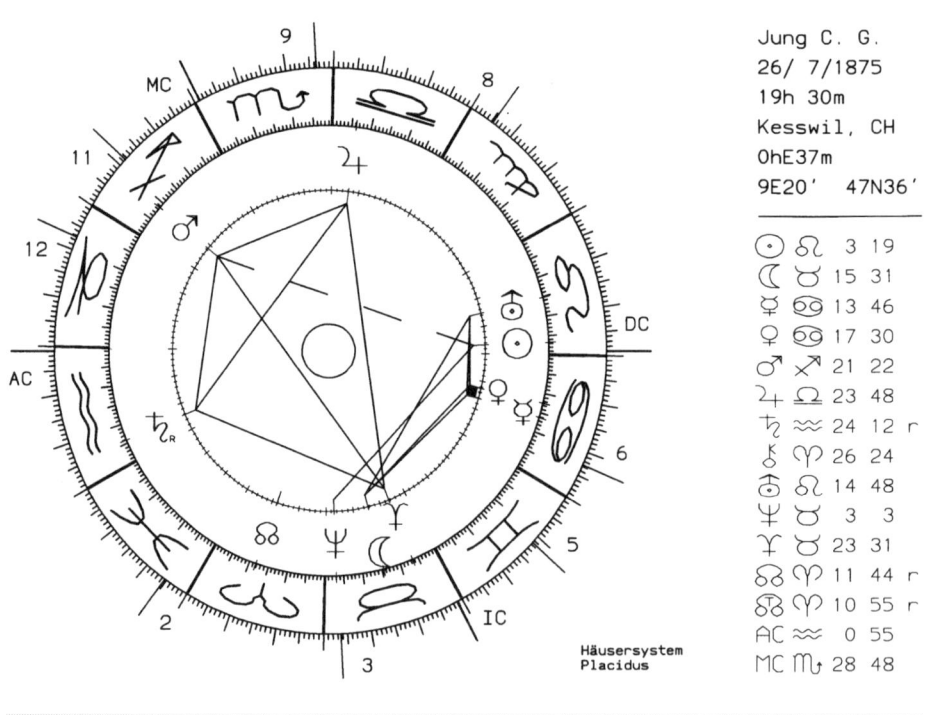

Jung C. G.
26/ 7/1875
19h 30m
Kesswil, CH
OhE37m
9E20'   47N36'

☉	♌	3	19	
☽	♉	15	31	
☿	♋	13	46	
♀	♋	17	30	
♂	♐	21	22	
♃	♎	23	48	
♄	♒	24	12	⌐
⚷	♈	26	24	
⊕	♌	14	48	
♅	♉	3	3	
♈	♉	23	31	
☊	♈	11	44	⌐
☊	♈	10	55	⌐
AC	♒	0	55	
MC	♏	28	48	

Häusersystem
Placidus

C. G. JUNG (*Quelle: Jan Kampherbeek, «Cirkels»*)

her eingehen, müssen wir uns zuerst mit der Geburtszeit auseinandersetzen. Der Astrologe Dane Rudhyar geht in seinem Buch
Astrologie und Psychologie von einem Steinbock-AC aus. Jung
selber jedoch identifizierte sich mit einem Wassermann-AC, und
er wurde auch von zeitgenössischen Astrologen so eingeschätzt:

*Manchmal können Leute, ohne unsere Geburtsdaten zu kennen,
unser Sternzeichen mit erstaunlicher Sicherheit erraten. Mir ist das
zweimal passiert, einmal in England und einmal in Amerika – man
sagte mir auf den Kopf zu, dass meine Sonne im Löwen und mein
Mond im Stier stehe und der Aszendent im Wassermann. Das
machte einen grossen Eindruck auf mich ...*[3)]

Es ist also anzunehmen, dass Rudhyar von einer geringfügig zu
frühen Geburtszeit ausgegangen ist. Der zweifellos vorhandene
«steinböckische» Charakter Jungs ist zur Genüge aus der Stellung
Saturns im ersten Haus ersichtlich, die Jung sehr bewusst war.
Seine erst im vierten Lebensjahrzehnt (lange nach der Trennung
von Freud) erreichte geistige Eigenständigkeit erklärte er nach
Berichten seiner Mitarbeiterin Jolande Jacobi mit dieser Hauspo-
sition des Saturn.

Bis zur Geburt seiner Schwester Gertrud in seinem neunten
Lebensjahr wuchs der junge Carl als Einzelkind auf. Der Vater
wurde von ihm als sehr schwacher Mensch erlebt (Sonne Quadrat
Neptun). Bei späteren theologischen Disputen mit dem Sohn
musste sich der Vater hilflos in die Welt des kirchlichen Dogmas
flüchten. Jungs Trigon zwischen Jupiter und Saturn zeigt jedoch,
dass Carl nur mit realen Erfahrungen auf diesem Gebiet zufrie-
denzustellen war. Dominierend in der Familie war die Mutter
Emilie. Sie entspricht dem Bild, das man bei einer Mond/Pluto-
Konjunktion nicht selten erlebt:

*So kam es, dass ich als Kind oft Angstträume von ihr hatte. Tags
war sie eine liebende Mutter, aber nachts erschien sie mir unheim-*

lich. Sie war dann wie eine Seherin, die zugleich ein seltsames Tier ist, wie eine Priesterin in einer Bärenhöhle. Archaisch und ruchlos. Ruchlos wie die Wahrheit und die Natur. [4]

Jungs Biograph Paul Stern schrieb über Carl Gustavs Verhältnis zu seiner Mutter:

Er war erst drei oder vier Jahre alt, als er bereits dunkel ahnte, er dürfe der Mutter nicht allzuviel von seinem Inneren anvertrauen, müsse, um nicht von ihr VERSCHLUNGEN ZU WERDEN, seine tiefsten Erlebnisse verschweigen und sich hinter einem Schutzwall undurchdringlicher Geheimnisse verschanzen.» [5] [Hervorhebung vom Autor.]

Die starke Macht der Mutter zeigte sich zuweilen auch noch im Erwachsenenleben. Als Jung einmal Besuch von ihr bekam, während er gerade an einer wissenschaftlichen Arbeit schrieb, machte sie eine herablassende Bemerkung über diese Forschung. Nachdem sie schnell wieder verschwunden war, benötigte Jung einige Stunden, um sich wieder zu sammeln und mit Selbstvertrauen weiterarbeiten zu können. Die Irritation des intellektuellen Selbstverständnisses durch die Mutter könnte man im Horoskop mit der Stellung des Mondes im dritten Haus in Konjunktion mit Pluto in Verbindung bringen.

Im Radixhoroskop ist der Mutter-Archetypus (Mond) jedoch nicht nur durch die Konjunktion mit Pluto, sondern auch durch eine gradgenaue Quadratur zu Uranus gekennzeichnet. Charakteristisch für das Mond/Uranus-Quadrat ist ein jäher Stimmungswechsel: *Was die Mutter besonders unheimlich machte, war der scharfe Kontrast ihrer Alltags- und ihrer dämonischen* [Pluto!] *Persönlichkeit und der jähe Wechsel* [Uranus] *von der einen zur anderen.* [6] [Zusätze in eckigen Klammern vom Autor.] In der Mond/Uranus-Quadratur sind auch Jungs spätere Schwierigkeiten wiederzuerkennen, sich im Privatleben anderen gegenüber seelisch vollständig hinzugeben.

Jungs Kindheit und Jugend waren düster. Als kleines Kind wäre er fast einmal ertrunken; eine geistesgegenwärtige Magd verhinderte dies jedoch (Jupiter im achten Haus?). Im Rückblick auf seine Kindheit diagnostizierte Jung eine unbewusste Selbstmordtendenz. Eine überdurchschnittliche Unfallrate (unter anderem viele Knochenbrüche) ist astrologisch auf die Uranus/Wassermann-Dominanz zurückzuführen (Wassermann-AC, Uranus Quadrat Mond, Uranus Trigon Mars; Knochen: Saturn im ersten Haus).

Wie Jung in seiner Autobiographie schildert, hatte er schon in der Kindheit verstärkt archetypische Erfahrungen, vor allem «archaische Träume», die für seinen späteren Lebensweg entscheidend wurden. Nicht selten träumte Jung auch von Menschen, die kurz darauf starben (Sonne Quadrat Neptun ist fast exakt). Die gehäuften aussersinnlichen Wahrnehmungen endeten nicht selten in Ohnmachts- anfällen; Neptun spielt offensichtlich die Rolle des «grossen Auflösers», wenn man seinen psychischen Problemen nicht mehr gewachsen ist ... Über den schon früh erfolgten Abstieg in die Unterwelt (Pluto in IC-Nähe in Konjunktion mit dem Mond) schrieb Jung als Greis:

Es fand damals sozusagen ein Begräbnis in die Erde statt, und es vergingen Jahre, bis ich wieder hervorkam. Heute weiss ich, dass es geschah, um das

grösstmögliche Mass von Licht in die Dunkelheit zu bringen. Es war eine Art Initiation in das Reich des Dunkeln. Damals hat mein geistiges Leben seinen unbewussten Anfang genommen. [7]

Zu jenem Kontakt mit dem Reich von Pluto-Hades [8] scheint auch ein sexueller Missbrauch durch einen älteren Mann zu gehören, über den sich Jung jedoch nicht weitergehend geäussert hat.

Wie Jung Jahrzehnte später in der Analyse seiner Patienten feststellen konnte, versucht das Unbewusste (im Traum) in Krisensituationen «kompensatorische Bilder» zu produzieren, wie beispielsweise mandalaähnliche Schemata oder andere Symbole des Selbst; hierdurch wird der Mensch in seiner Regeneration gestärkt. Das Unbewusste des jungen Carl drängte ihn, ein kleines Männchen zu schnitzen und es zusammen mit einem verehrten Kieselstein in einer Federschachtel an einem vor aller Welt geheimgehaltenen Ort zu verstecken. Hier holte er sich öfters «Kraft». Das Unbewusste erschuf diesen Kult als Kompensation für Jungs bedrohte psychische Stabilität.

Jahrzehnte später entdeckte er verblüfft, dass ähnliche Kulte mit sogenannten «Seelensteinen» von Eingeborenenstämmen (beispielsweise in Australien) praktiziert werden. Bei dieser Wiedererinnerung als Erwachsener wurde ihm klar, dass es archaische seelische Bestandteile gibt, die nicht aus der Individualseele stammen können. Solche Forschungen, die die psychischen Wurzeln der Menschheit betreffend (Archetypen), werden in der Radix besonders durch Mond/Pluto-Konjunktion und Pluto/IC-Konjunktion angezeigt.

Die Auseinandersetzung mit dem kollektiven Unbewussten wird nicht ausschliesslich durch Pluto deutlich, sondern sie wird auch zusätzlich gefördert durch starke Stellungen der anderen Langsamläufer: Saturn im ersten Haus, Sonne/Neptun-Quadrat, Mond/Uranus-Quadrat. Der Psychiater, «Seelendetektiv» und «Herr der Unterwelt» ist allerdings durch Pluto am IC, Mond/

Pluto-Konjunktion, Saturn/Pluto-Quadrat und Jupiter im achten Haus gekennzeichnet.

Bei all dem über die Kindheit Gesagten wird es uns nicht wundern, dass Jung sich als Jugendlicher gespalten wahrnahm. Er gab den zwei Persönlichkeiten in sich die Etiketten «Nummer 1» und «Nummer 2». «Nummer 1» war der Schuljunge, der Teil, der in Kontakt mit der Aussenwelt stand; «Nummer 2» hingegen war der weise alte Mann, der sich mit dem Unaussprechlichen beschäftigte.

Wohl nicht zufällig war später die Psychiatrie und speziell die Krankheit der Persönlichkeitsspaltung (Schizophrenie) sein erstes wissenschaftliches Betätigungsfeld. Zwar muss nicht jeder Mensch mit einer gradgenauen Mond/Uranus-Quadratur Tendenzen in Richtung auf eine Seelenspaltung aufweisen, doch die zusätzliche Dominanz der kollektiven Planeten ist in der Tat aussergewöhnlich. Indem Jung seine psychischen Probleme zum Beruf machte – zunächst als erfolgreicher Psychiater in Zürich –, konnte er sie transformieren. Seine Arbeit half ihm, sich selber besser zu verstehen. Im klinischen Sinne schizophren ist Jung allerdings nie gewesen. Die Tatkraft, die er zur Bewältigung seiner Probleme brauchte, ist im Horoskop durch die harmonische, synthetische Dreiecksfigur zwischen Saturn, Jupiter und Mars zu erkennen: Mars im Schützen gibt durch zwei Sextile dem Jupiter/Saturn-Trigon zusätzliche Schubkraft. Auch die Stellung der Löwe-Sonne an einer Eckfeldspitze (DC) deutet auf den Willen zur Individuation hin.

Die durch eine Achsenkonjunktion hervorgehobene Sonne steht in fast exaktem Quadrat zu Neptun; zusätzlich ist Neptun durch ein Quadrat auf den Aszendenten dominant. Was für den Durchschnittsmenschen Täuschung und Selbstbetrug bedeuten kann, erleben wir bei Jung als Intuition und aussersinnliche Wahrnehmung. Vor seiner universitären Medizinprüfung ahnte er genauestens, welche Prüfungsfragen ihm gestellt werden würden;

165

ein anderes Beispiel: Bei einer Hochzeitsgesellschaft fabulierte Jung einmal über Kriminalpsychologie und schilderte zur Anschauung einen spontan erfundenen Fall, den er mit möglichst vielen Einzelheiten ausschmückte. – Die Hochzeitsgesellschaft wurde immer stiller, und es stellte sich heraus, dass Jung im Detail den Fall eines ihm gegenübersitzenden Mannes erzählt hatte, ohne das Geringste davon zu ahnen! Man machte ihm wegen dieser «Indiskretion» die heftigsten Vorwürfe … Menschen mit starker Neptun-Stellung können manchmal in der Tat die psychischen Informationen ihrer Umgebung unbewusst «aufsaugen».

Zu Neptun Quadrat Sonne passt auch Jungs Geruchssensibilität. In der Therapie machte er die Erfahrung, dass aktuelle psychische Probleme sich in einem penetranten Geruch niederschlagen können. Hierbei handelte es sich vermutlich um eine Mischung von «psychischem» und «physischem» Riechen. Der «gute Riecher» bzw. die sinnliche Wahrnehmungsfähigkeit korrespondiert wohl auch mit dem Stier-Mond. Wie eng Geruch und Wahrnehmung eines Menschen miteinander verbunden sind, zeigt die Redewendung, «dass man jemanden nicht riechen kann.»

Trotz einer schon in der Jugend intensiven Erfahrung mit diversen Spukphänomenen und Spiritismus wuchs in Jung ein intensives naturwissenschaftliches Interesse (Saturn im ersten Haus und Mond im Stier). Eine grosse Freude bereitete ihm der Vater, als ihm erlaubt wurde, ein naturwissenschaftliches Journal zu abonnieren. Jung begann, Jurafossilien und Mineralien zu sammeln. Ebenfalls auf die Saturnstellung geht die Beschäftigung mit Geologie, Paläontologie und Archäologie zurück. Eine Besinnung auf die Wurzeln und das Vergangene zeigt ebenfalls die Besetzung des Zeichens Krebs mit Venus und Merkur, die in Konjunktion stehen; das spätere Medizinstudium finanzierte Jung interessanterweise zum Teil mit einem Antiquitätenhandel.

Jung hatte nicht nur ein Empfinden für das Ästhetische, sondern er entwickelte auch eine Begeisterung für das Malen. Der

Jung-Biograph Colin Wilson schrieb über diese Bilder, dass sie *äusserst eindrucksvoll sind und erkennen lassen, dass Jung vielleicht als Künstler hätte Karriere machen können.*[9] Besonders wichtig waren für Jung auch kreative Steinmetzarbeiten; überhaupt spielten Steine eine zentrale Rolle in seinem Leben (Saturn im ersten Haus).

Neben dem erwähnten magischen Kieselstein aus der Kindheit war es später vor allem der von den Alchemisten gesuchte «Stein der Weisen», der ihn als Symbol des Selbst in vielen psychologischen Abhandlungen beschäftigte. Interessant ist hier noch die Analogiekette: «Goldmachen» der Alchemisten – Sonne im Löwen – Suche nach der Individuation. Mit dem Tierkreiszeichen Löwe dürfen wir auch die gestalterische Kreativität assoziieren (zusätzlich: Venus/Merkur-Konjunktion). Jung selber verstand jedoch seine Bilder und Steinmetzarbeiten nie als künstlerische Produkte, auch wenn sie auf den Betrachter so wirken. Über seine Steinbearbeitungen sagte er:

Durch die wissenschaftliche Arbeit stellte ich meine Phantasien und die Inhalte des Unbewussten allmählich auf den Boden. Wort und Papier waren mir jedoch nicht real genug; es gehörte noch etwas anderes dazu. Ich musste meine innersten Gedanken und mein eigenes Wissen gewissermassen in Stein zur Darstellung bringen, oder ein Bekenntnis in Stein ablegen.[10]

Saturn im ersten Haus bedeutet psychologisch, dass man sich psychische Ereignisse erst in einem mühsamen reflexiven Prozess aneignen muss. Die starke Saturnstellung lässt uns auch Jungs

EIN VON C. G. JUNG MIT FIGUREN UND TEXTEN GRAVIERTER STEIN

Schuldkomplexe, Minderwertigkeitsgefühle und Depressionen in der Schulzeit nachvollziehen. Ähnliche Schilderungen erlebe ich in meiner Praxis insbesondere auch bei genauen Sonne/Saturn-Aspekten.

Bei Jung dürfte die Kombination von Saturn im ersten Haus mit einem Wassermann-AC problemverstärkend gewesen sein. Wassermann ist das Zeichen des «geistigen Darüberstehens», der unfreiwilligen Isolation, aber natürlich auch der schöpferischen Zusammenschau. Obwohl der AC und Saturn im ersten Haus Unabhängigkeit und Innenschau signalisieren, verdeutlicht die Sonne eine dem widersprechende Umweltabhängigkeit. Meiner Erfahrung nach lösen sich widersprüchliche Konstellationen nicht einfach auf, sondern sie müssen beide – oft alternierend – gelebt werden.

Die Stellung der Sonne im siebten Haus lässt uns jedenfalls verstehen, dass Jung sehr auf seinen wissenschaftlichen Ruf bedacht war; er litt regelrecht, wenn er in wissenschaftlichen Kreisen auf Ablehnung stiess. Die Sonne in Löwe weist ebenfalls auf eine Kritikempfindlichkeit hin.

So revolutionär Jung im Bereich seiner Arbeiten über das Seelische gewesen ist (Mond/Uranus-Quadrat und Mond/Pluto-Konjunktion), so konservativ war er im Persönlichen (Saturn im ersten Haus): *Es scheint mir, dass ich konservativ bis in die Knochen sei. Ich stopfe mir meine Pfeife aus dem Tabakhaufen meines Grossvaters und hüte noch seinen mit einem Gemshörnlein gekrönten Alpstock, den er als einer der ersten Kurgäste von Pontresina zurückgebracht hatte.*[11]

Dieser Konservatismus zeigte sich unter anderem auch darin, dass er selbst engen Mitarbeitern nie das Du anbot. Analog Saturn war Jung ein Perfektionist. Seine Sekretärin Aniela Jaffé bemerkte einmal: *Jeder Druckfehler wurde vorwurfsvoll und wortreich kommentiert. Ein Fehler konnte ihm den Rest des Tages verderben.* Dieser saturnischen Seite verdanken wir allerdings auch den Umstand, dass Jungs Theorien mit viel empirischem Material untermauert worden sind.

Obwohl Jung nicht selten ein Eigenbrötler war und sich oft von seiner Ehefrau und der Familie zur Kontemplation zurückzog, so konnte er doch zuweilen recht gesellig und humorvoll sein. Besonders in seinen Seminaren blühte er auf. Allerdings lassen die Seminarprotokolle manchmal auch einen lehrerhaften und sogar – wenn auch selten – einen arroganten Ton durchschimmern (Verbindung des Saturnprinzips mit dem starken Uranus/Wassermann-Prinzip). Diese Charaktereigenheiten rühren mit Sicherheit auch daher, dass Jung im positiven Sinne ein «Besessener» war.

Widersprüchliche und «überschiessende» Reaktionen sind bei Jung insofern nichts Besonderes, als sein Horoskop viele widersprüchliche Konstellationen aufweist. Neben den Asketen Jung (Saturn im ersten Haus) trat beispielsweise der Geniesser und «Lebemensch», der es liebte, im Rampenlicht zu brillieren (Löwe-Sonne im siebten Haus) und der zudem auch noch unbändig lachen konnte. Der Stier-Mond schliesslich enthüllt uns den eifrigen Gartenarbeiter und stundenlang Holz hackenden «Erd-Menschen». Jung liebte das Urwüchsige, und so baute er sich einen steinernen Turm (Saturn), in den er absichtlich keine Elektrizität und kein Wasser legen liess. In diesem Turm gab es ein Zimmer, in dem jedermann striktes Zutrittsverbot hatte. Diesen Turm benutzte Jung vornehmlich als Zufluchtsmöglichkeit aus der Zivilisation.

Ein natürlicher Widerspruch im Horoskop besteht, wie schon angedeutet, in der Kombination Saturn im ersten Haus und Sonne im siebten Haus. Die erste Konstellation zwingt zur Innenschau und zur Einsamkeit, die letztere ruft zur intensiven Kommunikation mit anderen auf. Jung hatte durch seine therapeutische Arbeit, seine Familie mit fünf Kindern und natürlich durch seine rege Vortragstätigkeit extrem viele Aussenkontakte; gleichzeitig jedoch fühlte er sich oft schmerzlich einsam. Hierüber schrieb er:

Einsamkeit entsteht nicht dadurch, dass man keine Menschen um sich hat, sondern vielmehr dadurch, dass man ihnen die Dinge, die einem wichtig erscheinen, nicht mitteilen kann, oder dass man Gedanken für gültig ansieht, die den anderen als unwahrscheinlich gelten. (…) Wenn ein Mensch mehr weiss als andere, wird er einsam. Einsamkeit steht aber nicht notwendigerweise im Gegensatz zu Gemeinschaft, indem nämlich niemand Gemeinschaft mehr empfindet als der Einsame, und Gemeinschaft blüht nur dort, wo jeder einzelne sich seiner Eigenart erinnert und sich nicht mit den anderen identifiziert. [12]

Diese scheinbar paradoxe Aussage ist eine versuchte Synthese zwischen Saturn im ersten Haus und Sonne im siebten Haus.

Mehr als einmal jedoch hat der natürliche Konflikt zwischen der Saturn- und der Sonnenposition Jung in arge Bedrängnis gebracht, so beispielsweise in seiner Begegnung mit Sigmund Freud. Zunächst hatte Jung endlich eine geistige Heimat und einen engen Freund gefunden; die beiden konnten 14 Stunden ununterbrochen miteinander reden! Die nach einiger Zeit aufkommenden theoretischen Vorbehalte gegen Freud verdrängte Jung zunächst. Doch als er schliesslich Freuds (Sexual-) Dogmatismus nicht mehr mittragen konnte, entschied er sich zum Bruch.

Diese Ablösung von Freud bedeutete nicht nur eine freiwillig gewählte wissenschaftliche Isolation, sondern sie hinterliess eine persönliche Wunde, die Jung in eine halb-psychotische Phase brachte. Hinzu kam, dass er in dieser Zeit (1913/14) in Visionen den kommenden Ersten Weltkrieg voraussah: Er erblickte Meere von Blut, die sich über die europäische Landkarte ergossen. Eine innere Stimme sprach zu ihm: *Sieh es an, es ist ganz wirklich, und es wird so sein, daran ist nicht zu zweifeln.* [13] Jung fand auch in Träumen einiger Patienten ähnliche Hinweise auf die bevorstehende Katastrophe. Im Rückblick schrieb Jung über seine Visionen:

Es war ein unaufhörlicher Strom von Phantasien, und ich tat mein Möglichstes, um die Orientierung nicht zu verlieren und einen Weg zu finden (...) Ich lebte ständig in einer intensiven Spannung, und es kam mir oft vor, als ob riesige Blöcke auf mich herunterstürzten. Ein Donnerwetter löste das andere ab. Dass ich es aushielt, war eine Frage der brutalen Kraft. Andere sind daran zerbrochen (...) Aber es war eine dämonische Kraft in mir, und von Anfang an stand es für mich fest, dass ich den Sinn dessen finden musste, was ich in den Phantasien erlebte. Das Gefühl, einem höheren Willen zu gehorchen, wenn ich dem Ansturm des Unbewussten standhielte, war unabweislich und blieb richtungsweisend in der Bewältigung der Aufgabe.[14]

In diesem Zitat kommt das Schicksalshafte und Unausweichliche der kollektiven Planeten Uranus, Neptun und Pluto, die in Jungs Radix eine so wichtige Funktion haben, treffend zum Ausdruck. Jung machte in der Zeit der hier beschriebenen Visionen viele Yoga-Übungen und er vermied es, die inneren Bilder von sich abzuspalten. Eine Abspaltung (Mond Quadrat Uranus) mag wohl verlockend gewesen sein, aber sie hätte wohl Wahnsinn bedeutet ... Da er es vermochte seine Visionen zu integrieren, konnte er sich nun während seiner therapeutischen Arbeit noch mehr in die Psyche seiner Klienten hineinversetzen.

Die Krise dieser Jahre enthüllte auch die möglichen Segnungen einer Stellung von Saturn im ersten Haus. Durch ein starkes Pflichtgefühl benutzte er die Realität des Alltags als Rettungsanker, um den inneren Bildern nicht völlig zu verfallen. Der Spagat zwischen Wirklichkeit und Unbewusstem ist ihm zum Glück gelungen. Der schliessliche Ausbruch des Ersten Weltkrieges war dann für ihn zum Teil eine «Befreiung», weil er nun den letzten Zweifel an dem Sinn seiner «Wahngebilde» beseitigen konnte.

171

Für Jung gehörte der Umgang mit seinen inneren Bildern zur wissenschaftlichen Basis seiner Arbeit:

Meine Wissenschaft war das Mittel und die einzige Möglichkeit, mich aus jenem Chaos herauszuwinden. Sonst hätte mir das Material angehaftet wie Kletten oder Sumpfpflanzen. Ich verwandte grosse Sorgfalt darauf, jedes einzelne Bild, jeden Inhalt zu verstehen, ihn – soweit dies möglich ist – rational einzuordnen und vor allem im Leben zu realisieren. Das ist es, was man meistens versäumt. Man lässt die Bilder aufsteigen und wundert sich vielleicht über sie, aber dabei lässt man es bewenden. Man gibt sich nicht die Mühe, sie zu verstehen, geschweige denn die ethischen Konsequenzen zu ziehen. Damit beschwört man die negativen Wirkungen des Unbewussten herauf.[15]

Hier erkennt man in der rationalen Einordnung der inneren Bilder die Aufgabe eines Saturns im ersten Haus, die Kräfte von Uranus, Neptun und Pluto zu kanalisieren. Saturn Trigon Jupiter im achten Haus korrespondiert mit den ethischen Konsequenzen, die aus der Erkenntnis zu ziehen sind. In dieser Konstellation wie auch im Sonne/Neptun-Quadrat ersieht man die Anlage eines religiös-philosophischen Denkens. Immer war es Jungs Ziel gewesen, den einseitig sexuellen Dogmatismus Freuds zu überwinden und statt dessen den transzendenten Aspekt in die Psychologie einzuführen.

Um dieses Thema kreisen mehr oder weniger alle Schriften Jungs, insbesondere *Mysterium Coniunctionis, Aion* und die alchemistischen Analysen (beispielsweise *Psychologie und Alchemie*). Dabei ging es Jung nie um blinden Glauben, sondern um die innere «empirische» Überprüfung (Saturn) des eigenen religiös-philosophischen Erlebens (Jupiter): *Mehr denn je trieb es mich zur Empirie. Ich nahm es den Philosophen übel, dass sie von all dem redeten, was keiner Erfahrung zugänglich war und überall da schwiegen, wo man auf eine Erfahrung hätte antworten sollen.[16]* –

len. [16)] – Und an anderer Stelle: *Als die Erzsünde des Glaubens erschien mir die Tatsache, dass er der Erfahrung vorgriff.* [17)]

Wie schon weiter oben angedeutet, konnte Jung mit der protestantischen Theologie seines Vaters schon in der Jugend nichts anfangen: ... *sicher war mir, dass keiner der mir bekannten Theologen «das Licht, das in die Finsternis schien» mit eigenen Augen gesehen hatte, sonst hätten sie keine «theologische Religion» lehren können. Mit der «theologischen Religion» konnte ich nichts anfangen; denn sie entsprach nicht meinem Gotteserlebnis.* [18)] Jung war aber aus eigener Erfahrung aufs tiefste vom Sinn des Schicksals überzeugt: *Niemand hat mir die Gewissheit nehmen können, dass ich gesetzt sei, das zu tun, was Gott will, und nicht, was ich will.* [19)]

Jungs Gottesbild ist sehr differenziert und klammert auch das sogenannte «Böse» nicht aus, ohne das eine Entwicklung nicht möglich ist. Als Jugendlicher zeigte sich seine «ketzerische Einstellung» darin, dass er beklagte, alle Menschen in seiner Umgebung hielten Gott für allwissend und gütig und seien sich der Widersprüche dieser These nicht bewusst: *Er hat die Menschen so geschaffen, dass sie sündigen mussten, und trotzdem verbietet Er die Sünde und bestraft sie sogar mit ewiger Verdammnis in der Feuerhölle ...* [20)]

Jungs Auffassung über das Transzendente geht über das Gut-Böse-Schema hinaus, sie kann jedoch wegen ihrer Komplexität nicht näher erläutert werden (vgl. *Antwort auf Hiob, Aion* und *Symbolik des Geistes*).

Wenden wir uns nun dem Therapeuten Jung zu. Die Arbeit mit Klienten war zweifellos ein Schwerpunkt seines Lebens. Hierbei galt ihm die Traumdeutung als Königsweg der Analyse. Schon sehr früh erwarb Jung sich den Namen eines «Zauberers» und «Magiers». Dazu trug ein aussergewöhnliches Ereignis bei einer Vorlesung bei: Jung hypnotisierte vor Studenten eine Frau, die seit 17 Jahren an einer schmerzhaften Lähmung des linken Beines litt. Zum Erstaunen Jungs und der Zuhörer warf die Frau die

Krücken weg und rief: *Ich bin geheilt!* Die Frau ging weg und war tatsächlich auf Dauer geheilt. Jung war die Sache selber so unheimlich, dass er seit dieser Zeit die Hypnose nicht mehr anwandte.

In der Astrologie dürfen wir Pluto als Planet der Magie und Hypnose betrachten (Näheres dazu im Kapitel «Pluto» in meinem Buch *Bildersprache Astrologie*). Mond Konjunktion Pluto, Pluto Konjunktion IC und Jupiter im achten Haus dürften zur Genüge den «Magier» und «Alchemisten» (Alchemie: willentlich herbeigeführte stoffliche bzw. psychische Metamorphose) erklären.

So verschlossen und zurückhaltend Jung im Privaten oft war, so offen und warmherzig konnte er für seine Patienten sein; Venus Konjunktion Merkur steht im «Haus des Dienens» (sechstes Haus) und bildet ein Sextil zum Mond. Entgegen vielen anderen Analytikern, die grossen Wert auf eine psychische Distanz zum Klienten legen, identifizierte sich Jung teilweise mit den Problemen seiner Patienten. Neben den gerade erwähnten astrologischen Konstellationen dürfte dazu besonders die Stellung der Sonne im siebten Haus kennzeichnend sein. Die Verbindung mit den Analysanden konnte sogar so weit gehen, dass er telepathisch wahrnahm, wie es ihnen gerade ging (Sonne im siebten Haus im Quadrat zu Neptun).

Einmal wachte er nachts um zwei Uhr auf und hatte das Gefühl, es wäre etwas an seine Stirn geprallt und dann an der hinteren Schädelwand angestossen. Am nächsten Tag erhielt er die Nachricht, dass sich ein Patient in der letzten Nacht mit einem Schuss in den Kopf umgebracht hatte. Die Kugel war an der hinteren Schädelwand steckengeblieben ...

Ein Grossteil von Jungs Klienten waren Frauen, und weil er als Mann attraktiv war, verliebten sich viele in ihn. Eine Patientin schrieb: *Er vermittelte den Eindruck grosser Kraft und Einsicht, und ich war völlig erschüttert bei dem Gedanken, dass er durch mich hindurch sehen konnte, sogar bis in meine sexuellen Phantasien, die mich quälten.* [21)]

Da Jung den «weiblichen Verlockungen» nicht immer widerstehen konnte, hatte dies natürlich Folgen für seine mit Emma Rauschenbach geschlossene Ehe (1903). Astrologisch gesehen, ist nicht nur Neptun durch Quadrat auf die an der Spitze des siebten Hauses stehende Sonne bezogen, sondern auch Uranus im siebten Haus im Quadrat zum Mond verheisst hier viele Spannungen und mögliche Trennungen im Partnerbereich. Eine jahrzehntelange Geliebte, Toni Wolff, bat er sogar regelmässig zum sonntäglichen Mittagstisch. Noch zur Zeit seiner Freundschaft mit Freud schrieb Jung über die Folgen dieser Beziehung an ihn, dass «die Dinge im Hause sehr turbulent» wurden.

Mond Quadrat Uranus verdeutlicht in diesem Zusammenhang, dass Jung, wie schon mehrfach angedeutet, Probleme hatte, sich im Privatbereich seelisch hinzugeben (zusätzlich: Saturn im ersten Haus und Wassermann-AC). Nicht selten erhalten Menschen mit Mond/Uranus-Spannungen den Vorwurf, seelisch oberflächlich zu sein. Sie neigen zur Flucht, wenn es in Beziehungen «anstrengend» wird.

Mit der Zeit fand sich Emma Jung, die selber Therapeutin wurde, mit Jungs Anlage ab. Als Toni Wolff später versuchte, Jung zur Scheidung zu drängen, widerstand er dem jedoch. Die Beziehung mit Emma hatte eine seelische Intensität, die er nicht aufs Spiel setzen wollte. Als Emma 1955 starb, war Jung tief getroffen. An einen Freund in Tel Aviv schrieb er: *Die Erschütterung, die ich erlebte, ist so gross, dass ich mich weder konzentrieren noch meine Ausdrucksfähigkeit wiederfinden kann.* [22)]

Zum Schluss wollen wir noch einen Blick auf die medizinische Seite werfen. Jung litt unter schweren Herzstörungen, an denen er schliesslich am 6. Juni 1961 starb. In der traditionellen astromedizinischen Geburtsbilddeutung sind besonders die Organregionen gefährdet, die bei einer Horoskopanalyse doppelt in

Erscheinung treten. So fallen bei Jung nicht nur zwei Quadrate in das traditionelle Herzzeichen Löwe, sondern gleichzeitig ist auch die Sonne, die ebenfalls organisch das Herz repräsentiert, «angegriffen»; die Sonne ist zudem in keinerlei Weise durch Sextile oder Trigone entspannt. Bevor Jung in ein Koma fiel und starb, sagte er zu seiner englischsprachigen letzten Lebensgefährtin Ruth Bailey, sie in den Keller schickend: *Let's have a really good red wine tonight.* [23)]

Anmerkungen

KAPITEL I

[1] Zuordnungen von Tierkreiszeichen und Planeten zu allgemeinen und auch archetypischen Bildern finden sich in: Thomas Schäfer, *Bildersprache Astrologie,* Edition Astrodata, Wettswil 1991.

[2] Vgl. C. G. Jung, *Psychologie und Alchemie,* GW 12, Walter, Olten 1976, S. 179.

[3] C. G. Jung, *Archetypen*, dtv, München 1990, S. 53*ff.*

[4] ebd.

[5] C. G. Jung, *Symbole der Wandlung,* GW 5, Walter, Olten 1988, S. 135.

[6] C. G. Jung, *Psychologie und Alchemie,* a. a. O., S. 241/242.

[7] C. G. Jung, *Aion – Beiträge zur Symbolik des Selbst,* GW 9/2, Walter, Olten 1976, S. 147.

[8] Erich von Beckerath, *Geheimsprache der Bilder,* Wien 1984, S. 219.

[9] Vgl. Thomas Schäfer, *Mein allerliebstes Haselnüsschen, ich muss dich knacken – Mann und Frau im Märchen,* Herder-Tb., Freiburg 1992, S. 116–125. Ergänzend zu den Drei-plus-eins-Strukturen sei nochmals Jung zitiert: «Besonders einleuchtend pflegt die vierte Gestalt zu sein: sie ist bald inkompatibel, verwerflich, angsterregend oder sonstwie ungewöhnlich, andersartig im guten wie im bösen Sinne, etwa wie der Däumling neben seinen drei normalen Brüdern. Selbstverständlich kann der Fall auch umgekehrt liegen, dass nämlich die Drei absonderlich sind und der Eine normal.» (*Symbolik des Geistes,* Rascher, Zürich, S. 430.)

[10] C. G. Jung, *Die Beziehung zwischen dem Ich und dem Unbewussten,* Rascher, Zürich 1935, S. 177*ff.*

[11] Horoskopzeichnung und Deutung finden sich in: Thomas Schäfer,

Astrologische Charakterskizzen, Pfeiffer, München 1988, S. 37–54.

[12] C. G. Jung, *Symbole der Wandlung,* a.a.O., S. 119.

[13] Bei dieser Meditationstechnik versucht man, sich im Herz-Chakra Licht vorzustellen.

[14] Martin Buber (Hg.), *Ekstatische Konfessionen,* Jena 1909, S. 51.

[15] C. G. Jung, *Symbole der Wandlung,* a.a.O., S. 158.

[16] ebd.

[17] Vgl. Joseph Campbell, *Der Heros in tausend Gestalten,* Suhrkamp, Frankfurt 1978, S. 131.

[18] J. W. Goethe: «Wär' nicht das Auge sonnenhaft, die Sonne könnt' es nie erblicken.»

[19] Dargestellt in: Thomas Schäfer, *Es war einmal ein Stern – Der Tierkreis im Märchen,* Kap. «Löwe», Fischer, Münsingen-Bern 1991.

[20] Eine lesenswerte Analyse findet sich bei Heinrich Zimmer, *Die indische Weltenmutter,* Suhrkamp, Frankfurt 1980, S. 17–56.

[21] C. G. Jung, *Symbole der Wandlung,* a.a.O., S. 312.

[22] Vgl. Thomas Schäfer, *Es war einmal ein Stern,* a.a.O., Kap. «Krebs».

[23] Franz Kafka, *Tagebücher 1910–1923,* herausgegeben von Max Brod, Fischer-Tb., Frankfurt 1973, S. 345.

[24] C. G. Jung, *Bewusstes und Unbewusstes,* Fischer, Frankfurt 1988, S. 109.

[25] Albert Ludwig Grimm, *Kindermährchen,* Frankfurt 1812.

[26] Vgl. Eugen Drewermanns Deutung in *Rapunzel, Rapunzel, lass dein Haar herunter – Grimms Märchen tiefenpsychologisch gedeutet,* dtv, München 1992, S. 229ff., und die astrologische Sichtweise in: Thomas Schäfer, *Es war einmal ein Stern,* a.a.O., Kap. «Steinbock».

Auf die Zusammenhänge zwischen Gesicht und Horoskop bin ich eingegangen in: Thomas Schäfer, *Astrologische Gesichtsdeutung,* Knaur-Tb., München 1994.

[27] Joseph Campbell, *Der Heros in tausend Gestalten,* a.a.O., S. 93.

[28] Aniela Jaffé (Hg.), C. G. Jung, *Erinnerungen, Träume, Gedanken von C. G. Jung,* Walter, Olten 1990, S. 322.

KAPITEL II

1) Zitiert nach *Die Märchen der Brüder Grimm,* KHM 136, München 1989.

2) Vgl. auch die Interpretation des «Eisenhans» in: Verena Kast, *Familienkonflikte im Märchen,* dtv, München 1989, S. 104–130. Das Zitat stammt von S. 115.

3) Weitere Beispiele für eine astrologische Sichtweise von Märchen finden sich in: Thomas Schäfer, *Es war einmal ein Stern,* a.a.O.

4) H. v. Wlislocki, *Vom wandernden Zigeunervolke,* Hamburg 1890. (Aus Platzgründen vom Autor gekürzt.)

5) *Die Gänsemagd* und *Frau Holle* habe ich als Beispiele für das Mond-Krebs-Prinzip interpretiert in: *Es war einmal ein Stern,* a.a.O., Kap. «Krebs».

6) Verena Kast, *Wege zur Autonomie – Märchen psychologisch gedeutet,* München 1988, S. 52.

7) ebd., S. 55.

8) Das indische «Rigveda» spricht auch von der Kuh als «Grosse Gebärerin»; bei den Kelten war sie als «Damona» eine Muttergöttin.

9) Verena Kast, a.a.O., S. 66.

10) Die Symbolik des Glasbergs ist so komplex, dass ich aus Platzgründen nicht näher auf sie eingehen kann. Den interessierten Leser verweise ich auf das Buch von Hans Biedermann, *Sagaheim – Verborgene Weisheit im alten Märchen,* München 1990, S. 103–122.

11) In Mythen und Märchen kann man sowohl männlichen als auch weiblichen Drachen begegnen. Unser Exemplar entspricht dem Typus der hemmenden und verschlingenden Mutter. Vgl. C. G. Jung, *Symbole der Wandlung,* a.a.O., S. 474 und passim.

KAPITEL III

1) Thomas Schäfer, *Vom Sternenkult zur Astrologie,* Walter, Solothurn 1993, Kap. 8/9.

2) Wilhelm Gundel, *Sternglaube, Sternreligion und Sternorakel – Aus der Geschichte der Astrologie,* Quelle & Meyer, Heidelberg 1959, S. 64.

3) Joachim Latacz, «Funktionen des Traumes in der antiken Literatur», in: Therese Wagner-Simon und Gaetano Benedetti (Hg.), *Traum und Träumen – Traumanalysen in Wissenschaft, Religion und Kunst,* Vandenhoeck & Ruprecht, Göttingen 1984, S. 12.

4) Zitiert nach: Wilhelm Moufang und W. O. Stevens, *Mysterium der Träume,* Europäischer Buchklub, Stuttgart, Zürich, Salzburg 1953, S. 17.

5) Hanns Kurth, *Lexikon der Traumsymbole,* Goldmann, München 1977, S. 176/177.

6) C. G. Jung, *Traum und Traumdeutung,* dtv, München 1990, S. 184.

7) Eugen Drewermann, *Tiefenpsychologie und Exegese,* Bd. I, Walter, Olten 1992, S. 188.

8) ebd.

9) Da das exakte Datum des Traumes nicht festgehalten wurde, ist die Transitlage unklar.

10) Julien Green, *Tagebücher,* 1. Bd., Wien 1952, S. 68–69. Zitiert nach Mircea Eliade, *Mythen, Träume und Mysterien,* Otto Müller, Salzburg 1961, S. 167.

11) Mircea Eliade, a.a.O., S. 167.

12) Arnold hat einige Kenntnisse in Astrologie.

13) In Wirklichkeit ist der Traum natürlich ein Naturprodukt. Erst unsere *bewusste* Auseinandersetzung mit seinem Inhalt kann uns zu moralischen Einsichten führen.

14) Thomas Schäfer, *Bildersprache Astrologie,* a.a.O.

15) *Dr. Vollmers Wörterbuch der Mythologie aller Völker,* Hoffmansche Verlagsbuchhandlung, Stuttgart 1874, S. 266. Und Thomas Schäfer, *Bildersprache Astrologie,* a.a.O., S. 96.

16) Thomas Schäfer, *Bildersprache Astrologie,* a.a.O., Kap. «Skorpion».

Kapitel IV

1) Das «Katathyme Bilderleben» von Leuner und andere Imaginationsmethoden haben sich aus Jungs Anregungen entwickelt, auch wenn viele Unterschiede festzustellen sind.

2) C.G. Jung, «Zum psychologischen Aspekt der Korefigur», zitiert aus: C.G. Jung, *Archetypen,* a.a.O., S. 148.

3) ebd., S. 52.

4) Verena Kast, *Imagination als Raum der Freiheit,* Olten 1988, S. 76.

5) Während der sprechende Eisbär von Peter einem weisen inneren Anteil entsprach, ist dieser «normale» Hund ein Bild für die Instinktseite.

6) Die Transitlage ist leider unklar, da der Tag der Imagination vergessen wurde zu notieren.

KAPITEL V

1) C.G. Jung, *Seminare – Traumanalyse / Nach Aufzeichnungen des Seminars 1928–30,* Walter, Olten 1991, S. 449. Bei diesem Werk handelt es sich um eine Erstveröffentlichung in deutscher Sprache, die erst seit kurzem der Öffentlichkeit zugänglich ist.

2) Aniela Jaffé (Hg.), C.G. Jung, *Erinnerungen, Träume, Gedanken von C.G. Jung,* a.a.O., S. 11.

3) Jung, *Seminare – Traumanalyse,* a.a.O., S. 448.

4) *Erinnerungen, Träume, Gedanken von C.G. Jung,* a.a.O., S. 56.

5) Paul J. Stern, *C.G. Jung – Prophet des Unbewussten,* Piper, München 1988, S. 21.

6) ebd., S. 21.

7) *Erinnerungen, Träume, Gedanken von C.G. Jung,* a.a.O., S. 21.

8) Vgl. Thomas Schäfer, *Bildersprache Astrologie,* a.a.O., S. 159*ff*.

9) Colin Wilson, *Herr der Unterwelt – C.G. Jung und das 20. Jahrhundert,* Kösel, München 1987, S. 98.

10) *Erinnerungen, Träume, Gedanken von C.G. Jung,* a.a.O., S. 227.

11) *Erinnerungen, Träume, Gedanken von C.G. Jung,* a.a.O., S. 359.

12) *Erinnerungen, Träume, Gedanken von C.G. Jung,* a.a.O., S. 357.

13) *Erinnerungen, Träume, Gedanken von C.G. Jung,* a.a.O., S. 179.

14) *Erinnerungen, Träume, Gedanken von C.G. Jung,* a.a.O., S. 180.

15) *Erinnerungen, Träume, Gedanken von C.G. Jung,* a.a.O., S. 196.

[16] *Erinnerungen, Träume, Gedanken von C. G. Jung,* a.a.O., S.111.

[17] *Erinnerungen, Träume, Gedanken von C. G. Jung,* a.a.O., S.99.

[18] *Erinnerungen, Träume, Gedanken von C. G. Jung,* a.a.O., S.99.

[19] *Erinnerungen, Träume, Gedanken von C. G. Jung,* a.a.O., S.53.

[20] *Erinnerungen, Träume, Gedanken von C. G. Jung,* a.a.O., S.52.

[21] Colin Wilson, a.a.O., S.108.

[22] Gerhard Wehr, *C. G. Jung – eine Bildbiographie,* SV, Zürich 1989, S.118.

[23] Colin Wilson, a.a.O., S.148. Dem an C. G. Jung interessierten Leser sei als informative und preiswerte Kurzeinführung in Leben und Werk Gerhard Wehrs Monographie *C. G. Jung,* Rowohlt-Tb, Reinbek 1985, empfohlen.

Literaturverzeichnis

ARROYO, Stephen: *Astrologie, Karma und Transformation,* Hugendubel, München 1982.

BECKERATH, Erich von: *Geheimsprache der Bilder,* Ibera, Wien 1984.

BIEDERMANN, Hans: *Sagaheim – Verborgene Weisheit in alten Märchen,* Knaur-Tb., München 1990.

CAMPBELL, Joseph: *Der Heros in tausend Gestalten,* Suhrkamp, Frankfurt 1978.

COOPER, J. C.: *Illustriertes Lexikon der traditionellen Symbole,* Drei Lilien, Leipzig 1986.

DIECKMANN, Hans: *Träume – das Tor zur inneren Wirklichkeit,* Econ, Düsseldorf 1990.

DREWERMANN, Eugen: *Rapunzel, Rapunzel, lass dein Haar herunter – Grimms Märchen tiefenpsychologisch gedeutet,* dtv, München 1992.

DREWERMANN, Eugen: *Tiefenpsychologie und Exegese – Traum, Mythos, Märchen, Sage und Legende,* 2 Bde., Walter, Olten 1992.

ELIADE, Mircea: *Mythen, Träume und Mysterien,* Otto Müller, Salzburg 1961.

FARADAY, Ann: *Deine Träume – Schlüssel zur Selbsterkenntnis,* Fischer-Tb., Frankfurt 1983.

FRANZ, Marie-Louise von: *Erlösungsmotive im Märchen,* Kösel, München 1980.

FRANZ, Marie-Louise von: *Psychologische Märcheninterpretation,* Knaur-Tb., München 1986.

FRANZ, Marie-Louise von: *Traum und Tod – Was uns die Träume Sterbender sagen,* Kösel, München 1984.

FRANZ, Marie-Louise von: *Wissen aus der Tiefe – Über Orakel und Synchronizität,* Kösel, München 1987.

GUNDEL, Wilhelm: *Sternglaube, Sternreligion und Sternorakel,* Quelle & Meyer, Heidelberg 1959.

JUNG, C. G.: *Aion – Beiträge zur Symbolik des Selbst,* Gesammelte Werke (GW) 9/2, Walter, Olten 1976.

JUNG, C. G.: *Die Beziehung zwischen dem Ich und dem Unbewussten,* Rascher, Zürich 1935.

JUNG, C. G.: *Psychologie und Alchemie,* GW 12, Walter, Olten 1976.

JUNG, C. G.: *Seminare – Traumanalyse. Nach Aufzeichnungen des Seminars 1928–1930,* GW-Ergänzungsband, Walter, Olten 1991.

JUNG, C. G.: *Symbole der Wandlung,* GW 5, Walter, Olten 1988.

JUNG, C. G.: *Traum und Traumdeutung,* dtv, München 1990.

JAFFÉ, Aniela (Hg.), JUNG, C. G.: *Erinnerungen, Träume, Gedanken von C. G. Jung,* Walter, Olten 1990.

KAST, Verena: *Imagination als Raum der Freiheit – Dialog zwischen Ich und Unbewusstem,* Walter, Olten 1988.

KAST, Verena: *Familienkonflikte im Märchen,* dtv, München 1989.

KAST, Verena: *Wege zur Autonomie – Märchen psychologisch gedeutet,* Walter, Olten 1985.

KERÉNYI, Karl: *Die Mythologie der Griechen,* 2 Bde., dtv, München 1988.

KLÖCKLER, Fh. v.: *Kursus der Astrologie,* 3 Bde., Bauer, Freiburg 1981.

LATACZ, Joachim: «Funktionen des Traumes in der antiken Literatur», in: Wagner-Simon (Hg.), a.a.O.

LEUNER, Hanscarl: *Katathymes Bilderleben,* Grundstufe, Klett, Stuttgart 1981.

LURKER, Manfred: *Lexikon der Götter und Dämonen,* Kröner, Stuttgart 1989.

LURKER, Manfred: *Wörterbuch der Symbolik.* Kröner, Stuttgart 1988.

MAAS, Hermann: *Wach-Träume,* Walter, Olten 1989.

MOUFANG, Wilhelm, STEVENS, W. O.: *Mysterium der Träume,* Europäischer Buchklub, Stuttgart, Zürich, Salzburg 1953.

OCKEL, Gerhard: *Traumsymbol und Traumdeutung,* Lebensweiser, Gelnhausen 1961.

RANKE-GRAVES, Robert von: *Griechische Mythologie – Quellen und Deutung,* Rowohlt, Reinbek 1984.

RING, Thomas: *Astrologische Menschenkunde,* 4 Bde., Bauer, Freiburg 1973.

RUDHYAR, Dane: *Astrologie und Psyche,* Chiron, Mössingen 1990.

RUDHYAR, Dane: *Astrologie der Persönlichkeit,* Hugendubel, München 1979.

SCHÄFER, Thomas: *Astrologische Charakterskizzen,* Pfeiffer, München 1988.

SCHÄFER, Thomas: *Bildersprache Astrologie,* Edition Astrodata, Wettswil 1991.

SCHÄFER, Thomas: *Tausendundein Leben,* Silberschnur, Neuwied 1994.

SCHÄFER, Thomas: *Es war einmal ein Stern – Der Tierkreis im Märchen,* Fischer, Münsingen-Bern 1991.

SCHÄFER, Thomas: *Gesichtsdeutung und Astrologie,* Knaur-Tb., München 1994.

SCHÄFER, Thomas: *Mein allerliebstes Haselnüsschen, ich muss dich knacken – Mann und Frau im Märchen,* Herder-Tb., Freiburg 1992.

SCHÄFER, Thomas: *Spirituelles Leben,* Fischer, Münsingen-Bern 1990.

SCHÄFER, Thomas: *Vom Sternenkult zur Astrologie,* Walter, Solothurn 1993.

TIETZE, Henry G.: *Imagination und Symboldeutung – Wie innere Bilder heilen und vorbeugen helfen,* Knaur-Tb., München 1986.

WAGNER-SIMON, Therese, BENEDETTI, Gaetano: *Traum und Träumen,* Vandenhoeck & Ruprecht, Göttingen 1984.

WEHR, Christian: *Lexikon des Aberglaubens,* Heyne-Tb., München 1991.

WEISS, J. Claude: *Horoskopanalyse – Aspekte im Geburtsbild,* Edition Astrodata, Wettswil 1984.

ZIMMER, Heinrich: *Die indische Weltenmutter,* Suhrkamp, Frankfurt 1980.

Brigitte Hamann
Lebensmuster
ELTERNBILDER IM HOROSKOP
Format 17 x 24 cm, geb., 280 Seiten, ISBN 3-907029-41-0

Wer die Ereignisse seines Lebens zurückverfolgt, findet so etwas wie einen roten Faden, einen inneren Zusammenhang, der sich durch sein Leben zieht. Dieses Buch will auf anschauliche Weise ausführliche Informationen über die verschiedenen typischen Lebensmuster und ihre Entstehung in der frühen Kindheit vermitteln. Obwohl es auf astrologischer Grundlage fusst, werden die Zusammenhänge in einer verständlichen, psychologisch orientierten Sprache verdeutlicht.

Im ersten Teil wird vor allem die Frage von Schuld und Eigenverantwortlichkeit hinsichtlich des Lebenslaufes bzw. bei Schicksalsereignissen behandelt, ausserdem die verschiedenen Wahrnehmungen von Wirklichkeit sowie die archetypische, tiefenpsychologische und astrologische Bedeutung der Eltern. Der zweite Teil ist den astrologischen Techniken gewidmet und bietet eine Fülle von praktischen Fallbeispielen, in denen die lebensprägenden Erfahrungen mit den Eltern aufgearbeitet werden. Abschliessend diskutiert die Autorin Missbrauchsthemen im Horoskop.

Marc Edmund Jones
Die sabischen Symbole in der Astrologie
Format 17 x 24 cm, geb., ca. 440 S., 7 Ill., 1000 Horoskopstellungen, ISBN 3-907029-40-2

Die sabischen Symbole geben jedem einzelnen Tierkreisgrad eine symbolische Bedeutung. In diesem bahnbrechenden Werk, das als Klassiker in der Astrologie gilt, finden die Leserinnen und Leser Deutungstexte zu allen 360 Graden des Tierkreises – jeweils als ein psychologisch aussagekräftiges Symbolbild –, einen Schlüsselbegriff, der für die rasche erste Analyse verwendet werden kann, sowie Hinweise auf positive und negative Einflüsse und auf Beziehungen zwischen den Symbolen. Zusätzlich erlauben die Querverweise auf die im Buch enthaltenen Horoskopstellungen von 1000 Persönlichkeiten Vergleiche einzelner Grade mit dem eigenen Horoskop. Erhellende Ausführungen zum Ursprung der sabischen Symbole und ein umfangreicher Index erleichtern die praktische astrologische Arbeit. «Marc Edmund Jones' *Sabische Symbole* ist bei weitem das beste Buch dieser Art. Es ist eine gewaltige astrologische Offenbarung, und der praktische Wert für den Astrologen steht ausser Zweifel» (Dane Rudhyar).

J. Claude Weiss
Karmische Horoskopanalyse
UNBEWUSSTE LEBENSPLÄNE ERKENNEN UND VERÄNDERN

Format 17 x 24 cm, geb., ca. 248 Seiten, ISBN 3-907029-39-9

Das Horoskop entspricht einer Landkarte für die karmische Reise, die uns in diesem Leben bevorsteht. An Brennpunkten unserer Existenz fällen wir unbewusst Entscheidungen, die uns den Bedürfnissen unserer Seele näherbringen, unabhängig davon, ob wir diese vom Bewusstsein her bejahen und vielleicht meinen, es handle sich dabei um freie Willensentscheidungen. Der diesen Entscheidungen zugrundliegende unbewusste Lebensplan, der uns wie ein Magnet unserer Bestimmung zustreben lässt, ist aus dem Horoskop erkennbar. Dadurch, dass wir ihn bewusst machen, können wir ihn mitgestalten, indem wir an wichtigen Schaltstellen unseres Lebens zwischen verschiedenen Alternativen zu wählen lernen.

In diesem methodisch aufgebauten Lehrbuch wird gezeigt, wie man aus dem Horoskop Lebenspläne erkennt, welches Potential diese in sich bergen und wie im Falle von negativen Entsprechungen positive Verwirklichungsformen gefunden werden können.

Jürgen Wiering
Astrologie und Beruf
BERUFS- UND UNTERNEHMENSBERATUNG MIT HILFE DER ASTROLOGIE

Format 17 x 24 cm, geb., 192 Seiten, 1 Horoskop, 31 Tab., 1 Abb., ISBN 3-907029-37-2

Ziel dieses Buches ist es primär, durch Erkenntnis und Nutzung der astrologischen Prinzipien den persönlichen und unternehmerischen Erfolg zu steigern. Es bietet die Möglichkeit, im Bereich von Unternehmensberatung und Beruf neue Gestaltungsspielräume und Handlungsdimensionen zu entdecken. Mit Hilfe der Astrologie können mannigfaltige Probleme bei der Berufswahl, bei einem anstehenden Berufswechsel, bei der Einstellung neuer Mitarbeiter sowie verschiedenen anderen unternehmerischen Entscheidungen effizienter und befriedigender gelöst werden. Viele Unternehmen nützen heute die Erkenntnisse der modernen psychologischen Astrologie, um ihren Erfolg und die Zufriedenheit der Mitarbeiter zu steigern. Bereits ist die astrologische Persönlichkeitsanalyse bei Personalentscheidungen in vielen Betrieben eine Selbstverständlichkeit, und Berufsberater mit astrologischem Wissen erhalten immer mehr Zulauf.

Weitere Bücher der Edition Astrodata

Erhältlich in jeder Buchhandlung

Noel Tyl (Hg.)
Uranus, Neptun und Pluto im persönlichen Erleben

Format 17 x 24 cm, geb., 256 Seiten, 12 Horoskope, 7 Abb., ISBN 3-907029-38-0

Über die astrologischen Entsprechungen von Uranus, Neptun und Pluto gibt es bereits einige Literatur. Was dieses Buch einmalig macht, ist die Beschreibung der Wirkung dieser geistigen Planeten in den verschiedenen Lebensbereichen, etwas, das sinnvollerweise durch verschiedene Autoren unter der ordnenden Instanz von Noel Tyl geschieht. So wird die Wirkung von Uranus, Neptun und Pluto im persönlichen Erleben und im Beziehungsbereich beschrieben. Im weiteren, wie man mit Hilfe dieser Planeten Entscheidungen fällt oder zeitliche Auslösungen erfährt. Bei allen Kapiteln geht es um konkrete Fragen der Umsetzung der archetypischen Energien von Uranus, Neptun und Pluto. Die geistigen Planeten sind Symbole einer neuen Ära, die einerseits eine grosse Chance in der kollektiven Entwicklung der Menschheit bedeuten, andererseits dem einzelnen Individuum zu einem höheren Verständnis in seinen Beziehungen mit anderen Menschen verhelfen.

Melanie Reinhart
Chiron – Heiler und Botschafter des Kosmos

Format 17 x 24 cm, geb., 346 Seiten, 22 Horoskope, mit Ephemeriden, ISBN 3-907029-26-7

Chiron, nach dem Kentauren der griechischen Mythologie benannt, wurde am 1. November 1977 von Charles T. Kowal entdeckt. Dieses für die moderne Astrologie wichtige Ereignis löste alsbald zahlreiche astrologische Forschungen aus. Die vorliegende tiefschürfende und umfassende Untersuchung von Melanie Reinhart gilt als die wichtigste auf diesem Gebiet und legt die Bedeutung und Symbolik des neu entdeckten Planeten in psychologischen und astrologischen Dimensionen dar. Chiron repräsentiert den Geist philosophischer Unabhängigkeit, ebenso aber auch das Mitgefühl und das Vertrauen in unser inneres Selbst. Der mythologische Chiron, der verwundete Heiler, war halb Mann, halb Pferd. Dieses Buch ist voller Anekdoten aus vielen Mythologien und schliesst auch einen Überblick über die historische und religiöse Ebene ein. Das detaillierte Material über Chiron in astrologischen Häusern, Zeichen und Aspekten ist zugleich fundiert und faszinierend. Es wird jedem, der die Bedeutung dieses Planeten im Horoskop verstehen will, wertvolle Anregungen bieten. Mit seinen gründlichen Fallstudien sowie den Tabellen und Ephemeriden für das 20. Jahrhundert besitzt das Werk Pionierstatus.

Judy Hall
Die karmische Reise
GEBURTSHOROSKOP, KARMA UND REINKARNATION
Format 17 x 24 cm, geb., 320 Seiten, 35 Abb., ISBN 3-907029-22-4

Warum sind wir hier und was können wir aus unseren Erfahrungen lernen? – Die karmische Astrologie geht davon aus, dass wir ewige, spirituelle Wesen sind, geprägt von den Mustern früherer Leben, die zusammen mit den Aufgaben für dieses Leben im Geburtshoroskop identifiziert werden können. Judy Halls Forschungsreise in diesen Grenzbereich geht von der Prämisse aus, dass die Seele für ihre Geburt einen Zeitpunkt wählt, dessen astrologische Färbung zu den Erfahrungen passt, welche die Seele im augenblicklichen Wachstumsstadium braucht. So schenkt die karmische Astrologie dem Verständnis der inneren Prozesse des Lebens eine neue Dimension, indem sie uns Bewusstheit über die in der Vergangenheit angelegten Beziehungen von Ursache und Wirkung verschafft, unsere spirituelle Wahrnehmung vertieft und uns mit einer grösseren Realität in Verbindung bringt. Die Autorin zeigt anhand einer Reihe von Fallbeispielen, wie das Horoskop eines Menschen das Karma reflektieren kann, das er aus früheren Inkarnationen mitbringt, und schlägt verschiedene therapeutische Ansätze für die jetzige Inkarnation vor.

Pauline Stone
Partnerschaft, Astrologie und Karma
WIE MAN BEZIEHUNGEN VERSTEHEN, TRANSFORMIEREN UND HEILEN KANN
Format 17 x 24 cm, geb., 192 Seiten, 3 Abb., ISBN 3-907029-23-2

Nach vieljähriger Erfahrung als astrologische Beraterin hat die Autorin ein einzigartiges Verständnis für die karmischen Muster entwickelt, die den meisten wichtigen Partnerschaftsproblemen zugrundeliegen. In diesem Buch vermittelt sie anhand realer Fallstudien ihre Einsichten in die Dynamik karmischer Beziehungen und zeigt auf, wie wir schmerzliche zwischenmenschliche Konflikte mit Hilfe der heilenden Energien der äusseren Planeten lösen können. Im weiteren wird die Korrelation zwischen den astrologischen Transiten und Beziehungskrisen aufgezeigt, sodann die karmische Bedeutung aller Partneraspekte der äusseren Planeten geschildert. Auf diese Weise vermittelt sie eine detaillierte Analyse der Herausforderungen, die in Liebesbeziehungen, aber auch im Verhältnis Eltern-Kind immer wieder auftauchen. Im letzten Kapitel widmet sich Pauline Stone einer der aufsehenerregendsten Beziehungen der letzten fünfzig Jahre: John Lennon und Yoko Ono.

Weitere Bücher der Edition Astrodata

Erhältlich in jeder Buchhandlung

Jessie Adler Gral: **Die verzauberte Seele,** Sucht und Spiritualität im Horoskop, Format 14 x 21 cm, brosch., 306 S., 14 Horoskope, 27 Tabellen, ISBN 3-907029-31-3

Astrodata: **100 zeitgenössische Filmschauspieler und Filmschauspielerinnen,** Lebensläufe & Horoskope, Format 21 x 29,7 cm, kart., 208 S., 100 Horoskope, ISBN 3-907029-09-7

Astrodata: **100 Regisseure und klassische Filmschauspieler und Filmschauspielerinnen,** Lebensläufe & Horoskope, Format 21 x 29,7 cm, kart., 208 S., 100 Horoskope, ISBN 3-907029-11-9

Baigent/Campion/Harvey: **Mundan-Astrologie,** Handbuch der Astrologie des Weltgeschehens, Format 17 x 24 cm, geb., 456 S., 98 Abb., ISBN 3-907029-12-7

Nicholas Campion: **Das Buch der Welthoroskope,** Alle wichtigen Daten und Quellen zu Ländern, Nationen und weltpolitischen Ereignissen, Format 17 x 24 cm, geb., 660 S., 364 Abb., ISBN 3-907029-19-4

Joëlle de Gravelaine: **Lilith – Der Schwarze Mond,** Die Grosse Göttin im Horoskop, Format 17 x 24 cm, geb., 224 S., 40 Abb., ISBN 3-907029-13-5

Dennis Elwell: **Das kosmische Netzwerk,** Astrologie – eine neue Wissenschaft, Format 17 x 24 cm, geb., 224 S., ISBN 3-907029-08-9

Martin Freeman: **Astrologische Prognosemethoden,** Format 17 x 24 cm, geb., 152 S., 10 Abb., ISBN 3-907029-02-X

Michael Harding / Charles Harvey: **Die Feinanalyse des Horoskops,** Das Arbeiten mit Harmonics, Schnittpunkten und Astro*Carto*Graphy, Format 17 x 24 cm, geb., 416 S., 188 Abb., ISBN 3-907029-21-6

Nancy Anne Hastings: **Progressionen und Transite,** Ein praxisorientiertes Deutungsbuch, Format 17 x 24 cm, geb., 295 S., 35 Abb., ISBN 3-907029-15-1

Johan Hjelmborg/Louise Kirsebom: **Zeichen und Planeten in der Hand,** Handlesen und Astrologie, Format 17 x 24 cm, geb., 308 S., 180 Abb., ISBN 3-907029-18-6

Johan Hjelmborg/Louise Kirsebom: **Augenblicksastrologie,** Partituren und Spiele der Planeten, Format 17 x 24 cm, geb., 204 S., 75 Abb., ISBN 3-907029-04-6

Eve Jackson: **Jupiter – Der alte Wohltäter in einem neuen Licht,** Format 17 x 24 cm, geb., 184 S., 31 Abb., ISBN 3-907029-07-0

Monica Kissling / Wulfing von Rohr: **Astrodata Horoskop- und Orakelspielkarten,** Ihr Horoskop auf einen Blick / Die Astrologie-Lernkarten / Das Astro-Orakel, Faltschachtel mit 12 Gross-Tierkreiskarten, 64 Lern- und Orakelkarten, ISBN 3-907029-34-8

Jim Lewis/Ariel Guttman: **Astro*Carto*Graphy-Atlas,** Mit Horoskopen und Biographien, Format 21 x 28 cm, brosch., 328 S., 270 Abb., ISBN 3-907029-14-3

Bernd A. Mertz: **Schicksalspunkte im Horoskop,** Die Schnelldiagnose in der Astrologie, Format 17x24cm, geb., 232 S., 40 Abb., ISBN 3-907029-20-8

Bernd A. Mertz: **Liebe – Opfer – Magie,** Der Mensch als Geheimnis des Kosmos / Die Praxis der esoterischen Horoskopdeutung, Format 17x24cm, geb., 219 S., 42 Horoskope, 10 Abb., ISBN 3-907029-25-9

Bernd A. Mertz: **Paracelsus und seine Astrologie,** «Im Menschen nämlich sind Sonne und Mond und alle Planeten», Format 14 x 21 cm, brosch., 96 S., 2 Horoskope, 52 Abb., ISBN 3-907029-32-1

Hermann Meyer: **Befreiung vom Schicksalszwang,** Astropsychotherapie, Format 17 x 24 cm, geb., 208 S., 23 Abb., ISBN 3-907029-01-1

Jane Ridder-Patrick: **Praktische Astro-Medizin,** Entsprechungen zwischen Körper, Seele und Geist, Format 17 x 24 cm, geb., 200 S., 15 Abb., ISBN 3-907029-24-0

Jörg Purner: **Radiästhesie – Ein Weg zum Licht?** Mit der Wünschelrute auf der Suche nach dem Mysterium der Kultstätten, Format 17 x 24 cm, geb., 183 S., 73 Abb., ISBN 3-907029-35-6

Dane Rudhyar / Leyla Rael-Rudhyar: **Der Sonne / Mond-Zyklus,** Ein Schlüssel zum Verständnis der Persönlichkeit, Format 17 x 24 cm, geb., 192 S., 25 Abb., ISBN 3-907029-06-2

Thomas Schäfer: **Bildersprache Astrologie,** Format 17 x 24 cm, geb., 172 S., 5 Abb., ISBN 3-907029-17-8

H. H. Schöffler: **Goethes Leben aus den Sternen,** Kleines Lesebuch der Transitastrologie, Format 15 x 21 cm, kart., 208 S., 100 Horoskope, ISBN 3-907029-10-0

H. H. Schöffler : **Mozart und die Musik der Sterne ,** Ein astrologischer Lebenslauf, Format 15 x 21 cm, kart., 170 S., 80 Horoskope, ISBN 3-907029-16-X

Erin Sullivan: **Rückläufige Planeten,** Aufbruch in die innere Landschaft, Format 17 x 24 cm, geb., 360 S., 16 Horoskope, 28 Abb., ISBN 3-907029-29-1

Eric J. Weil: **Das kombinierte Fragehoroskop,** Die verfeinerte Methode, Fragehoroskope zu stellen, Format 14 x 21 cm, brosch., 82 S., 49 Horoskope, ISBN 3-907029-33-X

J. Claude Weiss: **Horoskopanalyse Bd. I,** Planeten in Häusern und Zeichen, Format 17 x 24 cm, geb., 264 S., 15 Abb., ISBN 3-907029-27-5

J. Claude Weiss: **Horoskopanalyse Bd. II,** Aspekte im Geburtsbild, Format 17 x 24 cm, geb., 152 S., 13 Abb., ISBN 3-907029-28-3

J. Claude Weiss: **Astrologie – Eine Wissenschaft von Raum und Zeit,** Format 17 x 24 cm, geb., 200 S., 24 Abb., ISBN 3-907029-03-8

J. Claude Weiss / Verena Bachmann: **Pluto – Das Erotische und Dämonische,** Format 17 x 24 cm, geb., 270 S., 43 Abb., ISBN 3-907029-05-4

ASTROLOGIE HEUTE

Zeitschrift für Astrologie, Psychologie und Esoterik

Herausgeber: *Claude Weiss*

Die Zeitschrift ASTROLOGIE HEUTE erscheint seit 1986 alle zwei Monate und berichtet über alle wesentlichen Strömungen der deutschsprachigen und internationalen Astrologieszene. Das Heft enthält im Mittelteil jeweils ein *farbiges Magazin,* in dem auf spielerische und verständliche Weise die Grundlagen der Astrologie vermittelt werden.

In der Rubrik *Astrologie im Weltgeschehen* werden anhand der mundanen Konstellationen (in bezug auf das aktuelle Weltgeschehen) die politischen und gesellschaftlichen Ereignisse astrologisch analysiert und interpretiert.

In jeder Nummer sind jeweils die Horoskope von sechs *berühmten Persönlichkeiten,* die im entsprechenden Zeitraum Geburtstag haben, farbig abgedruckt und mit einer Kurzbiographie versehen.

Weitere Rubriken: *Kalender* (astrologische Vorschau über die folgenden zwei Monate), *Praxis* (astrologische Deutungs- und Arbeitsmethodik), *Baukasten* (astrologisches Grundwissen), *Psychologie, Esoterik/New Age, Bücherschau, Reflexe/Reflexionen.* Regelmässig werden *Interviews* mit bekannten Persönlichkeiten zu astrologischen und philosophischen Themen veröffentlicht.

Erhältlich auch bei allen grösseren Kiosken und (Fach-)Buchhandlungen in Deutschland und der Schweiz!

Verlangen Sie eine Gratis-Probenummer bei:
ASTROLOGIE HEUTE
Postfach, CH-8047 Zürich